哲学社会科学高质量学术成果评价理论与实践

宋 洋 ◎ 著

经济管理出版社
ECONOMY & MANAGEMENT PUBLISHING HOUSE

图书在版编目（CIP）数据

哲学社会科学高质量学术成果评价理论与实践 ／ 宋洋著 . -- 北京 ： 经济管理出版社，2024. -- ISBN 978 -7-5243-0125-7

Ⅰ . C12

中国国家版本馆 CIP 数据核字第 2024SQ1079 号

责任编辑：申桂萍
助理编辑：张　艺
责任印制：许　艳
责任校对：王淑卿

出版发行：经济管理出版社
　　　　　（北京市海淀区北蜂窝 8 号中雅大厦 A 座 11 层　100038）
网　　址：www. E-mp. com. cn
电　　话：（010）51915602
印　　刷：北京市海淀区唐家岭福利印刷厂
经　　销：新华书店
开　　本：720mm×1000mm/16
印　　张：13
字　　数：231
版　　次：2024 年 12 月第 1 版　　2024 年 12 月第 1 次印刷
书　　号：ISBN 978-7-5243-0125-7
定　　价：78.00 元

前　言

学术评价的重要意义体现在三个层次：一是在微观层次上，学术评价结果直接关乎学术资源的分配，如科研人员的职级晋升、科研团队的项目申请、科研机构的学术声誉，都受到学术评价体系和评价结果的显著影响。二是在中观层次上，学术评价体系对学术发展、学科建设具有引导作用，从而在很大程度上影响学术生态环境。三是在宏观层次上，学术评价体系对学术发展和学科建设的引导作用，潜移默化地影响着学术界、政策界、舆论界的思想认识，进而影响甚至在一定程度上引导意识形态的发展，这一点在哲学社会科学领域尤为突出。因此，完善学术评价体系对于促进科研人才培养、优化学术生态环境、加强意识形态工作责任制等具有基础性作用。

当前，哲学社会科学领域的学术评价理论和实践研究还未能充分满足现实需求，在某些方面甚至存在误区，主要表现在三个方面：第一，缺乏对学术成果的评价。当前对期刊评价的研究较多，但未直接考察期刊中的论文质量，客观上造成了"以刊评文"现象的泛滥。事实上，期刊只是论文的集合，一份好的期刊无法保证其中每篇论文都能达到较高水平。由于缺乏对学术成果（如期刊论文）的评价，目前没有更好的替代方案，导致了学术界一方面对"以刊评文"深恶痛绝，另一方面只能无奈接受的尴尬局面。同时，还有学术机构通过建立文摘的方式选出部分有重要参考价值的成果，这可以看作对学术成果进行评价的一种形式，但是这项工作的主要目的并不是做学术评价，仅仅是在建立文摘的过程中间接地产生了一定评价效用。如果将构建文摘看作学术评价，那么这种评价既不系统，也不完备，无法真正实现学术评价对学术发展的引领作用。第二，重视形式评价，忽视内容评价。内容评价是对学术成果的内容本身进行研究做出评价。即使没有对学术评价深入研究，仅根据一般性常识，也不会否认对学术成果的评价应以成果内容为基础。然而，由于内容评价的成本较高、主观性较强，导致通常难以较大规模地进行内容评价。相对应地，形式评价是指根据成果的某些"标签"做出评价，例如，一篇论文的被引用数量，或者其是否被文摘转载等。这些标签虽然在一定程度上体现了成果的某些特征，但无法确保这些特征与成果质量保持严格的一致性，存在"偷换概念"的问题。例如，用学术成果的影响力代替成果质量，就属于这种情形。本质上，形式评价是一种类似"机会主义"的做法，即选取那些较容易获得的指标，冒着"偷换概念"的风险，将研究重点放在评价形式的修补上，企图以精致的形式提升评价结果的被接受程度。然而，学术评价中最核心的要素是价值标准，如果容易获取的"标签"无法真实准确地反映成果质量，那么再高级精致的测算公式，也只是一些花里胡哨的形式。第三，重视数量，忽视质量。学术评价中的数量，主要有两个，一个是影响因子，另一个是成果数量，并且两者之间相互关联。首先，影响因子是我国学术界从西方学术界引进的一个概念，此概念原本较多用于对自然科学成果的统计分析，只是反映某期刊在一定时间范围内被引用的频次，在一定程度上，该指标体现了期刊的影响力，与论文质量和学术水平并无直接关联。其次，虽然学术界已经认识到"唯影响因子"的危害，但由于没有可以替代的评价方案，实际上学术界还是会继续受到影响因子的强烈影响，这导致一些重要的研究方向、"冷门绝学"的发展环境恶劣，对学术发展造成伤害。最后，由于影响因子实际上无法体现学术成果质量，导致无法以高影响因子期刊来源论文作为真正意义上的学术"代表作"，导致只能以高影响因子期刊论文数量作为评价学术能力的标准，这进一步强化了影响因子在学术评价中的作用，同时对论文数量（而不是质量）产生了过多的关注。

综合以上三个方面可以看出，当前学术评价"重数量轻质量"的原因在于学术评价的实践中"形式评价"成为主流，而"形式评价"成为主流的原因在于缺乏完善的学术成果评价体系。也就是说，未能建立被普遍接受的学术成果评价体系是当前学术评价存在诸多问题的总根源。事实上，学术界对成果评价的重要性是有共识的，但是为什么没能建立起被广泛接受的学术成果评价体系？因为，在客观上，对学术成果进行评价需要采用同行评议的方法，这就造成了评价成本高且主观性强。另外，由于对成果评价研究的不足，造成评价的规范性弱。成本高、主观性强、规范性弱共同导致成果评价是一项十分困难且"费力不讨好"的工作。与之相对应，以影响因子作为评价的依据，这种形式评价的方式具有客观性强、成本低的特点，并且，影响力也确实是学术成果的一项重要积极属性。那么现在的问题就是，到底是选择一条方向错误但容易的路，还是选择一条方向正确但艰难的路？

习近平总书记在哲学社会科学工作座谈会上的讲话中明确指出，要建立科学权威、公开透明的哲学社会科学成果评价体系，建立优秀成果推介制度，把优秀研究成果真正评出来、推广开。这为解决当前我国哲学社会科学学术评价研究中存在的问题指明了方向。本项研究正是在"建立科学权威、公开透明的哲学社会科学成果评价体系""把优秀研究成果真正评出来、推广开"这两个方面进行的初步探索和尝试。研究思路和内容是：首先，在定义高质量学术成果概念的基础上，对高质量学术成果的属性进行研究，从而确定学术成果评价的价值判断依据，即思想性、实践性、规范性、创新性。其次，借鉴已有的学术评价体系框架，对评价目的、评价对象、评价主体、评价标准、评价方法、评价程序进行研究和可操作性定义。再次，以经济学科为例，对高质量期刊论文、高质量研究报告、高质量学术专著分别进行评价研究，评选出示范性高质量学术成果，对优秀成果进行推广。最后，总结分析高质量学术成果评价体系的学术价值，并基于相关研究结论，为进一步完善我国哲学社会科学评价体系提出建议。

这项工作得到了很多同志的无私帮助，首先是参与学术成果评价的领域专家，他们的帮助是这项研究能够实现的关键前提。其次是硕士研究生张超冉、曾玲参与了大量工作，北京师范大学的博士研究生杜思梦帮助整理了资料。最后是中国社会科学评价研究院的领导和各位同事在日常研究中给予了大量指导和重要启发，在此对各位同志的帮助表示感谢！

坦率地说，建立科学权威、公开透明的哲学社会科学成果评价体系，必定是一项具有挑战性且意义重大的科研工作，需要那些敢于选择"方向正确但艰难的路"的人们不断努力，持续研究。本书正是为开辟这条正确但艰难的路所做的初步探索，其中必定存在较多不完善之处，恳请学界各位同仁批评指正。谢谢！

目　录

第一章　绪论

习近平总书记于 2016 年 5 月 17 日在哲学社会科学工作座谈会上发表重要讲话，明确指出"坚持和发展中国特色社会主义，需要不断在实践和理论上进行探索、用发展着的理论指导发展着的实践。在这个过程中，哲学社会科学具有不可替代的重要地位，哲学社会科学工作者具有不可替代的重要作用"。哲学社会科学的健康发展需要完善的学术评价体系，然而我国"学术评价体系不够科学"，"要建立科学权威、公开透明的哲学社会科学成果评价体系，建立优秀成果推介制度，把优秀研究成果真正评出来、推广开"[①]，这是在新形势和新要求下，哲学社会科学领域亟待解决的问题。哲学社会科学与自然科学的一个重要区别在于，哲学社会科学具有明显的双重属性，即学术性和意识形态性，导致其学术评价具有内在的复杂性和特殊性，无法通过简单指标获得精确可重复的评价结果，这在一定程度上造成当前学术评价过度重视形式评价而忽视内容评价，从而出现一些乱象。学术成果是学术活动的结晶，是学术能力和学术贡献最直接最准确的反映。因此，在理论和实践层面对学术成果评价进行深入研究，识别出具有示范效应的高质量学术成果，对于完善我国哲学社会科学学术评价体系，引领哲学社会科学正确发展方向具有重要意义。

第一节　研究背景和研究意义

哲学社会科学是人们认识世界、改造世界的重要工具，是推动历史发展和社

[①] 习近平. 在哲学社会科学工作座谈会上的讲话（2016 年 5 月 17 日）[N]. 人民日报，2016-05-19（02）。

会进步的重要力量，其发展水平反映了一个民族的思维能力、精神品格、文明素质，体现了一个国家的综合国力和国际竞争力。[①] 中国共产党一贯重视理论建设和理论指导，在中国革命和社会主义建设的各个历史时期始终强调哲学社会科学事业和哲学社会科学战线的重要作用。党的十八大以来，以习近平同志为核心的党中央始终关切哲学社会科学发展，在如何巩固马克思主义在意识形态领域的指导地位，如何贯彻落实新发展理念、推动经济高质量发展，如何推进国家治理体系和治理能力现代化，如何建设社会主义文化强国、提高国际话语权，如何不断提高党的领导水平和执政水平等重大问题上，对哲学社会科学研究提出了新要求，赋予了新使命。面对新形势和新要求，"我国哲学社会科学可以也应该大有作为"[②]。当前，我国哲学社会科学工作的主要目标和方向是，加快构建中国特色哲学社会科学，建构中国自主的知识体系，以中国化时代化的马克思主义为指导思想，形成具有中国特色、中国风格、中国气派的学科体系、学术体系、话语体系。中国特色哲学社会科学的繁荣发展是新形势下加强理论建设和理论指导的具体体现，对我国意识形态建设、经济社会发展、国际影响力提升、党的执政能力提高等具有积极意义，也将在进一步全面深化改革、推进中国式现代化进程中发挥重要作用。

构建中国特色哲学社会科学必须建立科学权威、公开透明的学术评价体系。首先，学术评价对学科建设产生显著影响，科学权威、公开透明的学术评价体系有助于将学术资源引导至中国特色哲学社会科学重大理论和实践问题研究中，从而吸引更多学术人才从事相关研究，逐渐形成特定的理论流派、学术协会，促进相应学科体系的快速发展。其次，学术评价与学术体系建设密切关联，科学权威的学术评价体系是学术共同体对特定科研工作进行反馈的方式，具有软约束力，能够影响学术研究的价值判断，引领学术发展方向，是促进学术创新、人才发展、成果转化等众多学术活动的"指挥棒"，可以认为学术体系与学术评价是一个密不可分的有机整体。最后，构建科学权威、公开透明的学术评价体系是推进中国特色哲学社会科学话语体系的重要内容。一方面，科学完善的学术评价有助于识别出优秀科研成果，通过正向反馈形成示范效应，从而提高学术创新能力，增强学术影响力，以更多数量、更高质量的优秀学术成果提升中国特色哲学

---

① 习近平. 论党的宣传思想工作［M］. 北京：中央文献出版社，2020：212-213.
② 习近平. 论党的宣传思想工作［M］. 北京：中央文献出版社，2020：217-218.

社会科学的学术话语权；另一方面，科学权威、公开透明的学术评价体系在促进学科体系、学术体系建设的过程中，将成为被广泛接受的学术标准，进而成为话语体系建设的天然组成部分。学术评价体系建设是构建中国特色哲学社会科学的必要环节，因此，建立科学权威、公开透明的学术评价体系对加快构建中国特色哲学社会科学的学科体系、学术体系、话语体系均有重要意义。从哲学社会科学的演进发展过程来看，学术评价来源于学术研究又服务于学术活动。一方面，学术评价是学术研究发展到一定阶段的必然产物，其来源于学术研究，并逐渐产生学术管理和服务功能。[①] 从本质上来看，学术评价的发展和学术体系的完善也是一个学术研究的过程，良好的学术体系也将促进学术评价的发展。另一方面，随着学术评价的学术管理和服务功能不断增强，学术评价对学术资源配置产生重要影响，从而形成对学术发展的引导力。在这个意义上，建立科学权威、公开透明的学术评价体系，既是加快构建中国特色哲学社会科学的重要内容，又是其必然要求。

虽然学术评价体系建设对于加快构建中国特色哲学社会科学具有重要意义，但当前我国学术评价在理论研究和评价实践方面存在一些不足，这在一定程度上破坏了学术生态环境，制约了我国哲学社会科学发展。[②] 一是当前学术评价研究中很少以学术成果本身作为评价对象，而通常对期刊、高校、智库等学术活动的载体进行评价，这就不可避免地要使用一些间接指标，如论文引用量、高层次人才荣誉、研究经费等作为学术评价的价值判断依据[③]，导致"唯论文"、"唯帽子"、"唯职称"、"唯学历"、"唯奖项"层出不穷。二是评价指标简单片面，无法真实反映学术成果的实际学术贡献。例如，引文数据通常作为期刊评价的关键指标[④]，然而基于引文数据的评价体系无论如何设计测算方法，都无法改变其以被引用次数衡量论文学术价值的底层逻辑。事实上，虽然被引次数通常与论文的学术影响力呈正相关，但是该指标无法体现学术成果的创新性、实践意义、理论参考价值等关键学术信息。三是在学术评价主体方面，学科领域专家参与不够深

① 沈壮海，夏义堃. 中国特色哲学社会科学学术评价的职责边界与策略选择［J］. 情报资料工作，2021，42（3）：23-31.
② 殷忠勇. 论建构中国特色哲学社会科学学术评价体系［J］. 江苏社会科学，2020（1）：7-8+33-40.
③ 刘福才，余晖. 高校智库评价"唯论文"导向的破解［J］. 中国高等教育，2021（23）：53-55.
④ 张琳，Gunnar Sivertsen. 科学计量与同行评议相结合的科研评价——国际经验与启示［J］. 情报学报，2020，39（8）：806-816.

入，未能将学术研究经验、学科专业背景较好地融入学术评价体系，造成当前学术评价研究主要集中在文献计量、教育管理等少数学科，与哲学社会科学丰富的学科体系有较大差距。四是哲学社会科学的意识形态属性未能直接地充分体现在学术评价指标中，虽然学术界认识到对哲学社会科学成果进行评价应包含政治性和意识形态性，但是，由于当前学术评价较少对学术成果内容做直接的学术价值判断，无法将体现意识形态属性的具体指标显性表达[①]，降低了学术评价在确立中国特色哲学社会科学指导思想方面的引领作用。

当前学术评价存在的问题，从理论上来看，是因为评价实践主要基于形式评价，而忽略了内容评价，过于关注间接指标（如影响因子、项目支持、作者特征等）的评价作用。这种方式，第一不能直接对单一的研究成果做出学术评价，第二不能对研究成果的理论贡献做出科学合理的评价，第三不能系统性阐述学术成果的理论贡献或实践价值，这导致评价活动损失了最关键的学术信息。因此，应以内容评价主导学术评价实践，通过对具体的学术成果做出科学权威的评价，识别出优秀研究成果，说明其在理论、方法、实践等方面的边际贡献，形成示范效应，引导学术研究发展方向。内容评价在客观上存在成本较高、难度较大、既有研究较少等现实情况，在一定程度上限制了其理论和实践的发展。

基于以上分析，提出本书的研究问题：①在理论层面，构建以内容评价为基础的学术评价体系的理论逻辑是什么？②在方法论层面，如何构建一套以内容评价为基础的学术评价体系，即如何构成和组织评价体系的各要素？③在应用层面，如何实现和检验以内容评价为基础的学术评价体系的学术价值？通过对上述一系列问题的研究，探索哲学社会科学学术评价理论和实践的创新。

第二节　相关概念界定

一、哲学社会科学及相关概念

在学术研究和科研管理实践中，一些相似的概念或名词经常与"哲学社会科

---

① 耿海英. 我国人文社会科学期刊评价体系比较研究［J］. 情报科学，2020，38（10）：104–111.

学"混用，例如"社会科学""人文科学""人文社会科学"等。这一方面体现了哲学社会科学的丰富内涵，另一方面影响了相关研究工作的严谨性。为更精确地表达哲学社会科学学术成果评价的研究思路和方法设计，有必要厘清相关概念，并对哲学社会科学的内涵进行阐释。

从话语体系的角度来看，西方国家的学术界一般较少使用"哲学社会科学"这一术语，而使用"人文科学"和"社会科学"。[①] 我国学术界虽然也会使用"人文社会科学"指代人文科学和社会科学的总和，但是，哲学社会科学作为一个严肃的学术概念在理论研究、科研管理、思想文化宣传等众多领域被广泛使用，已经成为被普遍接受的学术标识。例如，大量高校学报以"哲学社会科学版"作为其研究领域的标识说明。

从学科体系的角度来看，人文科学是以人类的精神、情感、思维、意识等为研究对象的科学，一般包括文学、美学、历史学、哲学等。社会科学是以人类社会发展规律为研究对象的科学，一般包括经济学、社会学、政治学、法学等。人文科学和社会科学统称人文社会科学。一方面，在学科构成上人文社会科学与哲学社会科学具有一致性。另一方面，如果将全部科学分为哲学、自然科学、社会科学[②]，其中哲学是超越自然科学和社会科学的更抽象、更具一般性的科学，那么哲学和社会科学的加总就是哲学社会科学。可以看出，当使用哲学社会科学这一术语时，从学科体系的角度看，强调了哲学的特殊性，即哲学是超越自然科学和社会科学的、更抽象的科学。

从学术研究的角度来看，哲学社会科学与人文社会科学虽然在研究对象和研究方法上均有较强的相似性，但是其基本的世界观和方法论有根本区别。当使用哲学社会科学这一学术概念时，必然要求以马克思主义的世界观和方法论作为学术研究思想理论基础，而人文社会科学更强调学术研究的"中立性"。在这个视角下，即使人文社会科学与哲学社会科学在研究内容和研究形式上无明显的外在差异，但是由于两者的理论思想不同，最终不能形成真正意义上的一致性。哲学社会科学以马克思主义的世界观和方法论为指导思想，具有更丰富的理论内涵和

---

① 储著武. 当代中国哲学社会科学发展史（1949~1966）[M]. 北京：社会科学文献出版社，2023：2-3.

② 这里的"社会科学"是广义的"社会科学"，不仅包括狭义的"社会科学"，即经济学、社会学、政治学等，还包括文学、艺术学等"人文科学"。

实践指导意义。

结合中国的具体实际，哲学社会科学是一个具有鲜明中国特色的学术概念，是伴随中国革命和建设进程逐渐发展形成的。事实上，哲学社会科学这一概念的产生和发展是众多中国共产党人的智慧结晶，体现了党对理论建设和理论指导的高度重视。在这个意义上，"哲学社会科学"作为一个学术概念天然地与马克思主义的世界观和方法论紧密结合、高度统一，蕴含着党在革命和建设实践中的理论凝练和经验总结，具有丰富的学术内涵和重大的实践指导意义。

二、学术成果及类型

"学术"是系统的、专业的一类学问或知识。学术体系是由特定研究对象形成的学术知识按照学理逻辑构建的认知体系，它主要包括两个方面：一是思想、理论、学说、观点等；二是方法、材料、工具的使用方式。[①] 简言之，学术是特定知识的集合，而学术体系由学术和学理逻辑构成。学术研究就是构建学术体系的过程，通过积累学术知识并建立学术知识之间的学理逻辑推动学术体系的建立和完善。从这个意义上来看，学术成果是某项学术研究的最终结果，体现了研究工作在多大程度上促进了学术体系的构建，即学术价值。因此，学术成果对学术体系建设具有基础性支撑作用，这也从构建学术体系的角度说明了学术成果评价的重要意义。

根据当前的学术实践，常见的学术成果形式一般有期刊论文、研究报告、学术专著、理论文章等。期刊论文是定期发表于期刊并满足一定学术规范的研究性文章，由于发表周期相对较短，一般体现了前沿的学术进展，是数量较多、学术活力较强的一类学术成果，也是学术评价实践中受到关注较多的学术成果。研究报告通常分为两类：一类通过特定的学术研究方法对某个领域进行研究，获取相关信息，掌握实际情况，解决某类问题，这类研究报告内容丰富、体系完整，一般以图书形式公开出版；另一类专门针对某个特定问题进行深入研究，提出及时、可行、有效的解决方法，这类研究报告一般篇幅精练，针对性、时效性、可操作性较强，部分此类高质量研究报告并未公开发表或出版。学术专著是对某个理论问题做出系统、全面、深入的学术研究，形成一套新的理论体系或概念框

---

① 中国社会科学院科研局"三大体系"建设研究课题组，崔建民，王子豪，等. 中国特色哲学社会科学"三大体系"建设进程评价：理论与实践探析［J］. 中国社会科学评价，2022（1）：148–156+160.

架，有较强的思想启发性，有助于学术界对所研究的问题形成新的系统性认识，能在一定程度上促进相关领域的发展。学术专著内容丰富翔实，体系结构完备，具有明显的理论贡献，能够较充分地体现研究者的学术造诣，通常以图书的形式公开出版，是一类重要的学术成果。理论文章一般发表在报纸上，或由网络公开刊登，针对特定学术观点进行论述，一般内容较精练，文字表达浅显易懂，具有较强的文化思想宣传价值。

三、学术评价体系的构成要素及评价维度

学术评价体系由与学术评价活动相关的各要素以特定逻辑有机组合而成。根据叶继元教授的研究[①]，一方面，评价体系应由六要素构成，即评价主体、评价客体（评价对象）、评价目的、评价方法、评价标准（评价指标）、评价制度（评价程序）；另一方面，在学术评价实践中，通常可以选择不同维度对评价对象做出评价，即可以基于评价对象的某类属性做出相应的评价，学术成果有三种属性，即形式属性、内容属性、效用属性，相应地可以做出形式评价、内容评价、效用评价。叶继元教授关于"全评价"体系的论述得到了学术界的较高认可，是构建学术评价体系的重要参考框架。[②][③]

1. 学术评价体系的六个构成要素

（1）评价主体，涉及评价活动的组织者和实施者，包括个人、团体及媒体等。在学术评价中，主体多元，以学术共同体或同行评价为主导。学术共同体是由志趣相投、遵循共同道德规范的学者组成的群体，其成员以学术为志业，对学术问题进行专业评价。学术共同体的评价是国际通行的同行评议的一种新表述，要求评价者专业精通、具备科学精神和高尚人品。当前评价体系的问题多与评价者选择不当有关，需加强学者自律、完善专家数据库，并明确科研管理部门与学术共同体的权力范围和制约机制，以确保评价的公正性和权威性。这里需要特别强调的是，本书严格区分了"评价主体"和"评价组织者"。一方面，评

---

① 叶继元. 人文社会科学评价体系探讨［J］. 南京大学学报（哲学·人文科学·社会科学版），2010，47（1）：97–110+160.

② 姜春林. 开学术评价理论之新 拓学术评价实践之域——评叶继元教授的《学术全评价体系论》［J］. 情报科学，2023，41（11）：185–187.

③ 耿哲，赵星. 多维度学术评价的重要理论创新——评《学术"全评价"体系论》［J］. 图书馆杂志，2023，42（9）：51–54+76.

价主体是在某一次具体的评价实践中，根据评价标准、使用评价方法，对评价对象直接做出评价的研究人员；另一方面，评价组织者（或实施者）是利用评价体系开展评价实践的人员或机构。可以认为，本书对评价主体进行了一种狭义界定。

（2）评价客体（评价对象），包括研究人员、机构、项目、成果和媒体等，可分为不同层次和类型。研究人员、机构、成果和媒体各有细分，如人员有职称等级，机构有大小和行政归属，成果包括论文、专著等。评价应明确目的，避免将教学和科普排除在外，认识到不同类型成果的价值。学者和学术成果是核心的评价客体。学术期刊作为知识传播的重要平台，其评价对学术交流体系至关重要。人文科学和社会科学评价应考虑学科特点，确保评价对象的可比性，以实现有效评价。

（3）评价目的，是评价要达到的预期和总原则要求，是评价活动的核心和驱动力。评价目的有多种分类方法，不同的评价目的决定了评价的标准、方法、专家选择和程序，从时段上可分为长期目的、中期目的和近期目的。明确评价目的至关重要，否则会导致评价失效，如学术期刊和教师评价中出现的偏差。学术期刊评价应注重内容与效用，教师评价则需要区分常规检查与水平评选，避免形式主义和短期行为。评价活动应紧扣评价目的，确保有效性和公正性。本书还使用了"评价目标"这个概念，评价目标包括两层含义：一是在中长期、宏观上推动加快构建中国特色哲学社会科学，这也是构建哲学社会科学高质量学术成果评价体系的根本目的；二是在近期、微观上评选出优秀成果，阐释其优势和特色，发挥成果的学术引领作用，推广优秀成果。评价目的对应评价目标在近期、微观层面的含义。

（4）评价方法，是评价过程中使用的各种工具和手段，分为定量、定性及综合评价法。定性评价通过专家的观察、阅读、讨论进行文字描述，而定量评价在此基础上使用数学语言描述。定性评价对学术评价尤为重要，但通常与定量评价相互补充，以提高评价的科学性和准确性。在实践中评价通常是基于"质量向量"的综合判断，不存在纯粹的定性或定量评价。评价应包含价值判断，如论文的创新性、学术专著的理论体系严密程度等，而不应仅仅只有量化指标。

（5）评价标准（评价指标），是评价活动的核心，反映价值认识和引导被评价者。它们依赖于评价目的，因学科和成果性质而异。自然科学注重理论的可证伪性和经受的检验，而社会科学和人文科学更侧重社会效用和实践影响。形式、内容、效用评价既是方法也是标准，分别关注逻辑标准、论证性和经验性标准。评价指标是评价标准的细化，应具备可量化和明确性，如引文量、获奖数等。定性指标如声誉、创新程度则难以量化。评价指标体系应民主、科学，兼顾统一性与差异性，通过专家论证和同行讨论确保有效性。

（6）评价制度（评价程序），是确保评价活动规范进行的规程，涵盖专家遴选、监督、申诉、公示、反馈等多个方面。广义的学术评价制度包括非正式约束和正式约束两个方面。评价制度分为总体、一般和具体制度，各自针对不同层面和对象。良好的评价制度对实现评价目标至关重要，应围绕总体目标设计，及时将有效实践制度化，并重视程序正义。程序正义通过明确权力界限和保证同行评价权威性，促进合理评价，纠正错误，提升社会诚信和学术环境。本书更多地使用"评价程序"的概念，强调在某一次评价实践中对评价各要素的组织和协调，而不过多考虑日常例行学术评价中需遵守的规范规定等方面的内容。

2.学术评价的三种维度

（1）形式评价，是一种评价学术成果的方法，主要关注成果的外部特征，包括论文发表的数量、被引用次数等可量化的指标。它结合了定性和定量分析，虽然不直接评估学术内容的质量，但通常与质量有一定的相关性。形式评价适用于进行一般性的或宏观层面的学术评估，因为它能够快速提供研究成果的概览。当评价需要精确地、深入地理解研究内容时，形式评价只能作为初步参考或基础，其有效性和适用性在很大程度上取决于评价的具体目标和背景，因此在实际应用中需要根据不同的评价目的进行适当的调整。

（2）内容评价，是评价主体对评价客体内含知识本身特性的深入分析，由同行领域专家通过直接审查和讨论完成。尽管为了便捷可能将定性评价量化，但评价结果通常结合文字和数字的形式表达，如"方案获得一致认可"或"成果具有创新性"。这种评价尽管耗时且费力，但直接针对内容的逻辑、合理性和价值，是一种详尽且可信的过程。对于涉及评价对象重大利益的场合，应采用这种精细评价，不应因工作量而放弃。

（3）效用评价，是对评价对象在实际应用中的价值进行长期验证的过程。它结合了短期和长期的实践经验及历史事实，以学术共同体的判断为基础，同时保持客观独立性。在自然科学中，效用评价关注经济和无形价值的创造；在社会科学中，它关注政策制定的依据及其实施效果；在人文科学中，则关注精神产品对思想和社会风气的影响。作为一种动态的评价，它始终处于进行和未完成的状态。

第三节 研究思路和内容框架

本书对哲学社会科学学术成果的评价理论和实践进行研究，旨在构建一个以成果内容为基础、质量为导向的学术评价体系。首先，明确评价目标，哲学社会科学学术成果评价，从宏观层面来看，是为了推动加快构建中国特色哲学社会科学，建构中国自主的知识体系；从微观层面来看，是为了将优秀研究成果选出来、推广开，引导哲学社会科学正确发展方向。[①] 其次，构建学术成果评价的理论框架，包含三个层面：一是提出核心概念，即"哲学社会科学高质量学术成果"[②]，作为理论起点论述学术评价的价值判断依据；二是分析高质量学术成果的基本特征和必要属性，进一步论述价值判断标准；三是构建评价体系的逻辑框架，明确评价体系各要素组成。再次，在评价理论的基础上建立评价体系，确定评价目的、评价对象、评价主体、评价标准、评价方法、评价程序等要素的具体内容，为开展评价实践提供条件。最后，开展评价实践，根据学科特征和成果类型进行分类评价，并根据评价实践的结果检验评价理论和评价体系，从而完善研究工作。

具体地，研究内容依次为：第二章梳理当前学术评价的研究现状，从学术评价的理论研究、方法研究、应用研究三个方面回顾相关研究进展，总结既有的评价经验，为通过比较研究识别出内容评价的学术价值提供必要的文献支撑。第三章论述评价理论，提出"哲学社会科学高质量学术成果"的概念，并论述其基本

[①] "目标"和"目的"通常含义接近，但是在本书中，"评价目标"和"评价目的"有所区别。通俗地说，评价目标对应学术发展的大方向，更强调宏观趋势；评价目的是针对某一次或某一类评价活动，指向性更具体。在一定程度上，可以认为"评价目的"就是"评价目标"在微观层面的含义，即评选和推广优秀成果。评价目的的实现对"加快构建中国特色哲学社会科学"这一目标的达成产生积极作用。

[②] 由于本书研究哲学社会科学学术成果评价，有时为了表达上的简便，将"哲学社会科学高质量学术成果"简称为"高质量学术成果"或"高质量成果"。

特征和必要属性（思想性、实践性、规范性、创新性），为评价体系提供了价值判断依据，进而构建了高质量学术成果评价的逻辑框架。第四章建立评价体系，基于第三章的评价理论，结合评价目标，确定评价体系各要素的具体内容，完成评价体系的构建。第五章至第七章为评价实践，根据第四章构建的评价体系，分别对高质量期刊论文、研究报告、学术专著进行评价研究，评选出具有较强示范效应的高质量学术成果，并根据评价标准做进一步系统性分析，阐释其在思想性、实践性、规范性、创新性等方面的优势和特色，起到增强示范效应，推广优秀成果的效果。第八章为结论，根据评价实践分析总结高质量学术成果评价理论和评价体系的学术价值，并提出优化我国学术评价研究和实践的政策建议，最后指出了研究的不足和完善的方向。

第二章 学术评价研究现状

学术评价关乎学术价值的认定、学术声誉的获取、学术资源的分配，一直是学术界关注的焦点问题，大量理论研究和实践探索积累了丰富的学术评价研究成果。这些成果归纳起来主要有三个方面：一是对学术评价理论的研究，探讨基本概念内涵和效用边界，并研究构建学术评价体系的基础性问题，即从哪些方面分析和建立一套科学合理、可行实用的评价体系，其中所蕴含的基本理论逻辑和底层价值判断是什么；二是对学术评价方法的研究，具体而言，就是如何获取和使用评价指标所对应的数据或信息，尤其在新技术快速涌现的条件下应如何收集和分析学术信息资源；三是对学术评价应用的研究，这是学术评价体系价值的直观体现，也是受关注度较高的研究领域，对学术声誉、科技政策、资源配置、人才培养等关键环节产生显著影响。梳理已有的文献可以看出，学术评价是一个重要的热门研究领域，但是实践效果却备受争议[①]，这表明学术评价在理论和应用方面仍有较多问题值得深入研究。

第一节 学术评价理论研究

一、学术评价的定义和功能

明确学术评价的概念内涵和功能定位是建立评价逻辑和评价体系的理论前

---

① 朱剑. 科研体制与学术评价之关系——从"学术乱象"根源问题说起［J］. 清华大学学报（哲学社会科学版），2015，30（1）：5-15+180.

提，大量学者对相关问题进行了深入研究。李秀霞认为，学术评价是科学研究的重要一环，衡量特定学术实体在质量和数量上对其他学术实体在理论研究与实践指导上的影响，学术评价的目标在于揭示学术活动的规律、现状及缺陷，推动学术活动的健康、迅速发展，并助力科技进步与创新。[1]张耀铭将学术评价看作一种活动，其核心在于依据特定的目标和准则，基于相应的理论与方法，对学术成果的价值进行评估，识别学者的研究贡献，激发科研人员的创新能力，规范学术研究行为，进而促进国家学术事业进步。[2]查岚和汪霞认为，学术评价横跨教学与科研两大领域，涵盖了人才评价和科技评价两大类别，学术评价体系不仅是学术观念的体现，也是指导学术行为的"指南针"和"调节器"，它不仅直接关系广大学术工作者的个人利益，而且在一定程度上决定了学术成果的产出效率。[3]王中宽针对大学科研评价进行研究，认为大学学术评价是对大学成员的学术行为及其成果进行价值评估和评定的过程，一个科学有效的学术评价体系能够规范学术行为，改善学术环境，推动学术的进步。[4]

一些学者根据学术评价的定义和功能，进行了更细致具体的研究。杨英伦和杨红艳认为，学术评价涉及对学术研究的诊断性评估、深入分析及综合评价，从具体的研究内容看，学术评价包括对学术成果、学术期刊、科研机构、学者个人等多方面的评价，但是其核心是学术成果评价。[5]索传军也有类似的观点，他认为学术评价的目标在于揭示学术成果的价值，以促进学术交流和进步，价值标准是衡量评价对象价值高低的基础，在具体的评价过程中，评价的组织者扮演着评价活动主体的角色，而实际进行价值判断的是评价主体，在具体的学术评价中，存在评价活动主体和评价主体共存的现象，两者共同影响评价的结果。[6]索传军等提出的新观点认为，评价并非仅是陈述，而是针对评价对象的涉及分析、预测和判断的认识过程，从根本上讲，学术评价也是一种学术活动，体现了评价主体

① 李秀霞. 学术评价研究的新视角［J］. 信息资源管理学报，2019，9（4）：18.

② 张耀铭. 学术评价的异化与重建［J］. 首都师范大学学报（社会科学版），2020（6）：1-6.

③ 查岚，汪霞. 学术评价制度的实践偏差［J］. 高教发展与评估，2023，39（4）：25-33+120.

④ 王中宽. 制造同意：大学学术评价中"唯论文"问题的一个解释性框架［J］. 江苏高教，2023（2）：55-63.

⑤ 杨英伦，杨红艳. 学术评价大数据之路的推进策略研究［J］. 情报理论与实践，2019，42（5）：62-66+152.

⑥ 索传军. 论学术评价的价值尺度——兼谈"唯论文"问题的根源［J］. 中国社会科学评价，2021（1）：122-131+160.

对评价对象价值认识的探索。学术评价根据对象的不同，涵盖了多种类型，其中，学术成果的评价尤其是学术论文的评价，构成了学术评价的核心，并且，在进行学术成果评价时，目标不在于发掘新知识，也不仅是衡量其创新性或影响力，而是应深入分析、判断和预测该学术成果对其他学术同仁或学科知识体系的价值，这实际上是对学术评价客体集合中各成员价值进行分类和排序的过程。①

二、学术评价体系的构建

严谨规范的学术评价实践必须建立在科学权威的学术评价体系之上，因此关于评价体系的构建也是一项基础性研究议题。随着学术评价体系结构的研究深入，学术界在这一领域内逐渐形成共识，尤其是以叶继元教授的《学术"全评价"体系论》作为重要的标志性成果②，该体系的逻辑结构为学术评价体系的构建提供了重要的理论参考。

叶继元提出的学术"全评价"体系理论在学术评价研究领域有较高的学术价值，该理论框架包含了评价主体、评价客体、评价目的、评价的标准与指标、评价方法、评价制度六大核心要素，并强调依据评价目的确立相应的评价标准和评价方法的应用模式。③不少学者对"全评价"体系理论给予较高评价，例如，姜春林在其研究成果中明确指出，叶继元教授所著的《学术"全评价"体系论》有很高的学术价值，"全评价"理论提出的构建对学术评价的理论与实践产生深远影响，该著作不仅突出了学术评价的全面性，涵盖了"六大要素"和"三个维度"，确保了评价的全面性、多角度、多方位和全过程性，还系统深入地研究了传统评价体系的缺陷，对于促进学术评价的科学性和公正性具有重要意义。④类似地，耿哲和赵星认为叶继元教授的学术"全评价"体系论对建立具有中国特色的哲学社会科学评价体系进行了系统性探究，其研究方法和路径的创新实践值得

① 索传军，于淼，牌艳欣，等. 数据驱动的学术评价理论框架研究［J］. 图书情报工作，2024，68（1）：5-12.

② 叶继元. 学术"全评价"体系论［M］. 北京：社会科学文献出版社，2022：387-388.

③ 叶继元. 学术"全评价"体系与中国特色哲学社会科学学术评价体系的构建与完善［J］. 情报资料工作，2021，42（3）：15-22.

④ 姜春林. 开学术评价理论之新 拓学术评价实践之域——评叶继元教授的《学术全评价体系论》［J］. 情报科学，2023，41（11）：185-187.

更广泛的推广与采用。①

三、学术评价体系的价值判断依据

学术评价本质上是一种价值判断，因此价值判断依据是构建评价体系的关键。当前学术评价研究中大量使用引用量及其变种对学术活动进行价值判断。陈斯斯和刘春丽借助 InCites 数据库，对 2016 年 22 个 ESI 学科期刊文献、8 种交叉学科期刊文献以及 ESI 8 个领域中引用次数最多的单一学科期刊文献进行了检索，计算了这些文献的 RCR 和 CNCI 值，通过这种方法对文献的影响力进行分析。②另外，还有一些文献基于引文或引用数量的变种，制成各类指数也被作为学术评价的价值判断依据，例如，王志军和郑德俊选取图书情报与文献学科领域的 49 位专家作为研究对象，对比分析了他们的论文发表数量（N）、被引用次数（C）、平均被引率、h 指数、g 指数和 p 指数，并进行了相关性研究。③然而，陈明利和杨福进认为，h 指数在反映科研人员研究能力和活力下降方面存在不足，h 指数在跨学科领域的比较上缺乏一致性，而且在同一学科内部也难以确立一个合适的比较基准，与引文等其他可以标准化的指标不同，h 指数因其与特定学科交流模式的关联性，而难以进行标准化处理。④徐拥军和陈晓婷从自然评价的视角出发，提出文献计量学专注于文献及其属性的研究，科学计量学则关注与科学相关的论文和成果，两者均以引文分析作为主要研究手段，从而促进了 SCI、SSCI、影响因子、论文特征因子、科学计量 H 指数（H-index）和 G 指数（G-index）等科学计量工具的发展。⑤

虽然以引文及其变种为价值判断的学术评价研究始终是一个研究热点，但是也有学者对文献引用量作为学术价值判断的适用性问题进行了更系统的研究。叶继元分析了同行评议与引文计量的理论含义、评价作用及存在的问题，明确提出并论证了引文法同时包含定量评价和定性评价属性的观点，建议充分认识引文法

①　耿哲，赵星. 多维度学术评价的重要理论创新——评《学术"全评价"体系论》[J]. 图书馆杂志，2023，42（9）：51-54+76.

②　陈斯斯，刘春丽. 基于共引网络的出版物影响力评价新指标：相对引用率 [J]. 情报理论与实践，2020，43（7）：75-80.

③　王志军，郑德俊. p 指数运用于人才评价的有效性实证研究 [J]. 图书情报工作，2012，56（14）：93-97.

④　陈明利，杨福进. 一种全新的学术评价方法——h 指数 [J]. 新世纪图书馆，2009（6）：22-24+13.

⑤　徐拥军，陈晓婷. 自然评价模式的基本框架与运行机制研究 [J]. 甘肃社会科学，2023（4）：27-35.

的优缺点，在进行学术评价研究时应规范使用引文数据，将引文方法的定量和定性属性都充分发挥出来。[①] 李冲认为，随着研究的深入，学术界对基于引文的学术评价方法提出更多质疑，认为即使基于理性主义和经验主义知识观的分析，可以认为将引文分析法用于学术评价具有一定的合理性，但是，在微观层面上，从实际内容出发，引文分析法与学术评价功能之间并无直接的、必然的联系，即引文数量无法确保学术成果质量。[②]

第二节　学术评价方法研究

一、定性评价法

同行评议是定性评价法的主要形式，也是受到学术界关注最多的学术评价方法之一。朱剑认为，匿名审稿制度作为同行评议的一种形式，在学术评价领域被寄予厚望，成为提高期刊质量、推动评价体系改革、优化学术环境等方面的重要工具，然而在现实的学术评价中，这种评价方法依然存在众多困难，严重限制了其在学术评价中的作用。[③] 于曦对以同行评议为基础的评审体系中存在的问题进行研究，使用了国际知名生物医学期刊 eLife 推出的新型出版模式 eLife assessment 作为研究案例，对其特色、优点以及局限性进行深入分析，发现 eLife assessment 模式能够改革现行的论文评审制度，通过公开同行评审内容，增强作者自主权，支持论文发表后学者间的互动，有效提升学术交流效率。[④] 张耀铭结合数字技术快速发展的大背景，认为同行评议应参与科技战略规划，建立"以价值为核心"的同行评议制度，并且学术界、期刊界和第三方评价机构需加强基础理论研究，利用评价学理论指导学术评价，打造符合中国自主知识体系的同行评议理论与应用范式。[⑤] 另外，贺颖和王治钧借助分布式计算的思路，构

①　叶继元. 引文法既是定量又是定性的评价法［J］. 图书馆，2005（1）：43–45.

②　李冲. 引文分析的本质与学术评价功能的条件性［J］. 科学学研究，2013，31（8）：1121–1127.

③　朱剑. 数字时代的同行评议：一个有待破解的悖论——以学术期刊匿名审稿制为中心［J］. 理论与改革，2023（5）：51–71.

④　于曦. eLife 开放同行评议模式改革与启示［J］. 中国科技期刊研究，2023，34（5）：609–614.

⑤　张耀铭. 挑战与进路：数字时代的同行评议［J］. 理论与改革，2023（3）：24–42+158–159.

建了一个以区块链技术为基础的开放式同行评议体系框架，尝试解决身份验证与学术声誉、匿名评审、公开评审激励、有效监管等重要的学术评价问题。[①]根据既有的关于同行评议的研究可以发现，虽然学术界普遍认可同行评议在学术评价中的有效性和准确性，但是在实践中存在一些不可避免的问题，例如，评价主体的主观性、评价方法的不规范性、评价程序的高成本性等，严重制约了同行评议作用的发挥。

二、定量评价法

由于信息技术的发展和定量分析方法的进步，与学术研究相关的可获得数据迅速增加，为量化评价方法的使用提供了有利的数据前提，同时，定量评价法创新速度较快，激励了量化方法的应用研究。当前定量评价法在学术评价研究中已经占据了相当重要的地位[②]，逐渐形成了三个重要的研究方向。

第一，基于传统指标量化提出新的测算方法，尝试提高定量评价的有效性。例如，俞立平和张连桥将误差理论应用于学术期刊的多属性评价过程，尝试将评价中的系统性误差减小，从而提高熵权法的评价精确性。[③]索传军等认为，基于数据驱动的评价方法是数据智能时代下的一种创新模式，它既区别于传统的同行评审，也区别于基于引用次数的文献计量学和替代计量学，是值得深入研究的新测算方法。[④]另外，俞立平等从理论上分析了学术期刊评价效率的真实值假设，基于理论分析结果，结合 DEA 的评价测算方法，将学术期刊效率分析中的系统性误差划分为评价目标误差、投入产出指标选择误差、方法适用性误差、模型设定误差等，研究结论为评价测算方法提供了重要理论启示。[⑤]

第二，随着互联网数据的积累和公开，更多的替代指标被应用于学术评价，大量新的、非传统性指标的使用，显著扩展了学术评价的数据来源，相应地，推

①　贺颖，王治钧. 开放式同行评议区块链系统框架研究［J］. 中国科技期刊研究，2023，34（3）：259-266.

②　袁曦临，沈宸. 人文社科学术专著同行评议与文献计量评价的实证比较［J］. 图书与情报，2020（5）：24-30.

③　俞立平，张连桥. 学术期刊评价中熵权法的系统误差研究［J］. 情报科学，2024，42（3）：110-117.

④　索传军，于淼，牌艳欣，等. 数据驱动的学术评价理论框架研究［J］. 图书情报工作，2024，68（1）：5-12.

⑤　俞立平，杜维，魏建良. 学术期刊评价中 DEA 方法的系统误差研究［J］. 现代情报，2024，44（9）：154-162.

动了评价方法的创新。王旭基于评价科学、话语权理论和传播学原理等多学科理论，系统性地构建了学术期刊话语权评价的分析框架，深入探讨了学术期刊话语权评价的核心议题，认为将传统学术评价指标与 Altmetrics 指标相结合，有助于扩展和重塑传播评价体系，构建科学的中国学术期刊的话语体系。① 王贤文等研究了单篇论文评价体系的功能机制与实证数据，认为新兴的 Altmetrics 指标在快速评估新发表论文的社会影响方面具有优势，提出将这类指标整合起来，形成一个持续、动态、综合的单篇论文评价体系，为学术界带来一种新的学术成果评价方法。② 丁堃等提出了一种针对学术评价的"论文画像法"，该方法综合论文内在信息、同行评议信息、引文数据和 Altmetrics 指标等信息，构建全方位描绘学术论文评价信息的体系，研究认为，画像技术使学术评价过程更加科学、全面、智能，为增强论文评价的即时性和准确度提出了新思路。③

第三，随着信息处理技术的进步，语义分析方法和工具的性能快速提升，在这个背景下，一些学者使用量化方法尝试对成果内容的结构特点进行研究，为学术评价提供更多高价值信息。例如，常霞等利用知识单元的特征属性，综合研究了学术论文中知识单元的动态演变，建立知识单元创新性评价标准和学术论文创新性的综合评价模型，对 2023 年在"数字人文"领域的高引用学术论文进行实证研究，为量化方法研究学术成果内容提供有益借鉴。④ 戎军涛等设计了新颖性测量模型，该方法以创新知识元谱系为参考框架，运用分类比较法进行测算，在一定程度上实现了基于语义的学术论文新颖度评价。⑤ 类似地，韩松涛等建立了一种基于大数据模型的人文社科期刊评价方法，通过对一流学科所属高校学者的论文发表情况对期刊做出评价，减少主观不确定性对评价的影响，实证检验表明这种方法具有一定优势。⑥

① 王旭. 中国学术期刊话语权评价理论框架建构研究 [J]. 图书情报工作，2021，65（12）：83-92.

② 王贤文，方志超，王虹茵. 连续、动态和复合的单篇论文评价体系构建研究 [J]. 科学学与科学技术管理，2015，36（8）：37-48.

③ 丁堃，赵昕航，林原，等. 面向学术评价的论文画像研究 [J]. 情报理论与实践，2022，45（9）：94-101.

④ 常霞，魏绪秋，张以迪，等. 基于知识单元属性特征的学术论文创新性评价研究 [J]. 情报理论与实践，2024，47（11）：71-80.

⑤ 戎军涛，索传军，周彦廷，等. 基于创新知识元谱系的学术论文新颖性测度研究 [J]. 图书情报工作，2024，68（1）：27-38.

⑥ 韩松涛，李洁，金佳丽，等. 基于关联重言的人文社科期刊评价量化模型探索 [J]. 情报学报，2023，42（6）：702-710.

三、综合评价法

学术界认识到单一使用定性法或定量法进行学术评价存在固有问题，尝试将定性评价与定量评价方法相结合，形成了综合评价法，并逐渐成为学术评价实践中主流的方法[①]，相应的理论研究取得成果较多。林子婕和唐星龙认为，当前的评价体系未能充分考虑学术潜在影响力，并且对学者在学术传播中的互动关系关注不足，这导致难以对学术能力进行全方位、精准的评价。因此，他们提出在学术评价中增加"潜在影响力"指标，构建基于互动视角的学者学术影响力多维度评价模型，综合使用专业影响力、传播影响力、社会影响力这三个维度进行评价应用。[②] 牌艳欣等从理论上论述了学术论文评价是一个包含模糊概念、边界划分、判断和决策等多环节的复杂过程，因此模糊评价的理念与方法对于学术评价实践具有重要的研究潜力和优势。[③] 俞立平等强调在学术评价过程中，应当重视指标权重设定的科学性，提出学术评价权重分配的质量诊断概念，并构建了相应的评价体系。[④] 吴欣雨等认为，科技成果评价的核心在于语义的内容创新性，未来在语义新颖性评价的发展方面，需要定性与定量分析综合使用，以构建更加科学和合理的评价体系。[⑤] 根据这种思路，毕崇武等依据知识单元的描述规则，从学术文献中提取出知识单元，设计学术质量评价指标，建立基础的知识单元质量评价框架，结合领域专家的定性反馈，对知识单元的质量进行评价，再利用回归分析检验量化指标与专家评分的一致性，对定量与定性方法相结合的综合评价方法设计进行探索。[⑥]

---

① 荆林波，逯万辉. 新时代我国哲学社会科学评价研究进展：理论与实践［J］. 中国人民大学学报，2023，37（2）：168-181.

② 林子婕，唐星龙. 互动视角下学者学术影响力多维评价模型研究［J］. 情报理论与实践，2024，47（9）：88-98.

③ 牌艳欣，索传军，肖玥，等. 学术论文模糊评价方法研究［J］. 图书情报工作，2024，68（1）：13-26.

④ 俞立平，杜维，姜茸. 学术评价中权重赋值的误差问题研究［J］. 情报理论与实践，2024，47（10）：53-60.

⑤ 吴欣雨，李涵昱，张智雄，等. 科技文献评价中语义新颖性研究综述［J］. 数据分析与知识发现，2024，8（3）：29-40.

⑥ 毕崇武，沈雪莹，彭泽，等. 学术文献中知识单元的质量评价研究［J］. 现代情报，2023，43（11）：112-122.

第三节　学术评价应用研究

一、期刊评价

期刊论文一般具有体现学术前沿、紧跟研究热点的显著特征，期刊论文新思想、新观点、新方法的出现比较活跃，是一类十分重要的学术成果，因此，期刊评价的理论和应用研究是学术评价领域的重点，大量文献围绕这一主题进行了深入探讨。王鑫等创新性地提出指标收缩法的概念，并以此为依据，对评价指标的权重进行计算，得到被评价期刊的排序，实证结果表明该方法在期刊排名方面具有较好的客观性。[①] 刘宇舸和丁佐奇以 75 种英文期刊作为数据源，选取了 14 个指标建立评价体系，通过熵权法与因子分析相结合的方式确定了各指标的权重，并利用 TOPSIS 法计算了各期刊的综合得分，结果显示学术影响力、期刊声誉和社会影响力这三个维度之间存在正相关关系。[②] 基于类似的思路，平静波等根据文献指标和影响力指标，分析了 5 种重要的心理学期刊在 2017~2022 年的学术影响力，对期刊的发文数量、基金论文比例、发文机构数量、平均参考文献数量等一系列量化指标进行研究。[③]

还有学者对期刊评价的框架模型进行深入研究。例如，尚媛媛和郝若扬基于文献回顾、逻辑推理、归纳综合等研究方法，构建人文社科学术期刊评价的三维模型，提出从理论构建、数据采集和方法论这三个维度，开展符合中国国情的人文社科学术期刊评价实践。[④] 相似地，杨文霞等提出以内容创新力、社会传播力与学术影响力这三个维度构建评价体系。[⑤] 而苏雪梅认为，当前的期刊评价实践实质上都是以期刊论文的影响力作为核心指标，期刊评价经历了从"文献计量

---

①　王鑫，王伟明，黄诗怡，等. 基于指标收缩法和改进因子分析法的学术期刊综合评价研究［EB/OL］.［2024-10-09］. http://read.cnki.net/web/Journal/Article/QBLL20241009002.html.

②　刘宇舸，丁佐奇. 基于因子分析和熵权-TOPSIS法的我国医学类英文期刊综合评价体系研究［J］. 中国科技期刊研究，2024，35（8）：1134-1143.

③　平静波，杨保华，周世杰. 2017—2022年5种心理学期刊学术影响力动态分析［J］. 中国临床心理学杂志，2024，32（4）：941-946.

④　尚媛媛，郝若扬. 我国人文社科领域的学术期刊评价：理论拓展、多源数据与方法创新［J］. 中国科技期刊研究，2024，35（8）：1159-1168.

⑤　杨文霞，孔嘉，闫晓慧，等. 多维学术期刊评价研究——以LIS学科为例［J］. 中国科技期刊研究，2024，35（6）：841-851.

研究到期刊评价再到学术评价"的发展阶段，各阶段在评价目标和指标上存在差异，但评价结果具有一致性。[①]张洋等对交叉学科期刊进行研究，提出应当从更全面的角度构建指标，在期刊内容层面进行交叉学科识别，并着重于建立交叉学科期刊声誉评价的方法。[②]张立伟和李静丽从期刊功能定位角度进行研究，认为当前期刊评价应用中存在的问题，削弱了学术期刊对学术共同体赋能的功能，应引导学术期刊重新回到学术服务的功能上来，促进学术共同体的发展。[③]

二、学科发展评价

学科发展评价与我国教育管理部门进行的学科评估关系密切。学科评估是教育部学位与研究生教育发展中心（以下简称"学位中心"）对高等院校一级学科发展状况的总体评估，其主要目标是通过掌握各科研院所学科发展状况，制定学科发展规划，分配科研资源，推动我国高等教育和科学研究实现快速发展。在学科评估的背景下，对学科发展评价的研究也得到学术界的广泛关注。在学科评估导向方面，杨旭婷和王战军认为，当前学科评价遵循一种"外塑"式的评价逻辑，导致外部主体主导了学术评价，造成学科评价与学科发展实际需求脱节，因此建议我国的学科评价应实现向"内生"式学科评价的转变，回归到学科建设本质，将学科评价从"外塑"推向"内生"。[④]杜宏巍的研究则更加具体，她认为目前学科评价的改进路径包括深化分类评价、注重中国特色、强调社会贡献、丰富评价方法四个方面，但是，这些改进路径未充分体现哲学社会科学的独特性，在指标体系方面呈现出渐进式更新，这种模式难以实现评价范式的重大创新，因此，提出哲学社会科学"价值—成果"二元维度有机融合的逻辑，建议创新评价理念、改革评价体系、完善评价策略，促进构建具有中国特色的哲学社会科学学科体系。[⑤]还有学者对学科评价指标和价值判断依据进行研究，蒋洪池和张洁在

① 苏雪梅. 三大核心期刊评价项目比较与应对：以高校综合性社会科学报评价结果为例 [J]. 四川师范大学学报（社会科学版），2024，51（1）：190-198+208.

② 张洋，吴婷婷，朱嘉麒. 交叉学科期刊评价研究回顾：基于系统性文献综述 [J]. 情报科学，2024，42（5）：177-185.

③ 张立伟，李静丽. 学术期刊推动学术共同体发展：基础作用、现实困境与政策建议 [J]. 社会科学家，2024（3）：96-102.

④ 杨旭婷，王战军. 从"外塑"到"内生"：我国学科评价的反思与重构 [J]. 江苏高教，2024（5）：68-75.

⑤ 杜宏巍. 底层逻辑视域下哲学社会科学学科评价革新进路研究 [J]. 社会科学研究，2023（2）：34-42.

对我国高校学科评价的研究成果进行回顾和梳理后，建议应当在同行评议指标、学科评价元评价体系等方面加强研究，并注重在中国特色与国际标准之间进行指标创新的探索。① 张蒂等从数据源的角度进行研究，对科学和社会科学科评价中跨数据库数据进行案例研究，重点分析了学科评价中跨数据库数据学科的归属问题，提出相应的解决策略。② 彭颖晖和刘小强通过对六种国际著名学科评价体系的梳理和研究，发现当前主流学科评价体系依然以学术表现为核心指标，针对这种情况，他们提出构建服务需求导向的学科评价，并纳入多元评价主体。③

三、智库评价

智库是应用对策研究的重要载体，在哲学社会科学理论研究成果转化应用方面发挥关键作用。中国特色新型智库建设对于提高我国政策制定和执行能力，实现国家治理体系和治理能力现代化具有重要意义。在"以评促建"的思路下，当前智库评价研究逐渐成为新的学术热点。

在智库评价理论方面，郭瑞和杨天通依据第四代评估理论，基于多评价主体参与视角，提出一种新的高校智库评价理论框架，在对研究人员、评价专家、第三方评估机构、政府官员、媒体工作者等实施问卷调查的基础上，构建了高校智库评价指标体系。④ 孙掌印等利用知识图谱的分析工具，展示了智库评价研究的知识架构、特点及其发展历程，对我国智库评价领域的文献进行发文量统计、关键词共现、关键词时序等方面的量化研究，发现智库评价基础理论等多个研究热点，为进一步加强智库评价研究提供了参考。⑤ 更具体地，郭瑞和杨天通通过文献分析法对我国智库评价的七个方面进行研究，根据结论提出，智库评价研究重视基础理论、评价方法、评价主体等方面，建立多维度、多层次的中国特色新型

① 蒋洪池，张洁. 我国大学学科评价研究：历程、热点及反思 [J]. 中国地质大学学报（社会科学版），2022，22（1）：148–156.

② 张蒂，郝晋清，王珺. 映射之难——人文社科学科评价中跨库数据的学科归属问题 [J]. 图书馆论坛，2023，43（7）：49–59.

③ 彭颖晖，刘小强. 学科评价：从学术导向走向服务需求导向——从知识与经济双重转型看学科评价改革 [J]. 南昌大学学报（人文社会科学版），2021，52（4）：117–124.

④ 郭瑞，杨天通. 高校智库评价指标体系的构建及实证研究——基于第四代评估理论视角 [J]. 智库理论与实践，2021，6（5）：33–44.

⑤ 孙掌印，姚凯波，徐路，等. 我国智库评价研究态势、热点与趋势——基于《中国学术期刊（网络版）》数据的分析 [J]. 现代情报，2021，41（11）：170–177.

智库评价体系。①

另外，还有一些文献将研究重点集中在智库评价的指标体系研究。任恒认为，智库能力应作为智库评价的重要维度，通过文献比较和案例分析，归纳了智库能力的理论内涵，构建了基于智库能力的评价体系框架。②梁丽等从一个全新的理论视角出发，研究了智库评价政策反馈的知识主体、工具主体、博弈主体，以及智库评价中知识与政策之间的映射关系，提出基于政策反馈的理论视角构建智库评价动态机制。③许洁和刘梦琦重点研究了出版智库，认为智库评价需要一套科学、客观、透明的评价体系，应归纳智库评价的准则，通过全面科学的评价指标体系，促进中国特色新型智库的稳健发展。④

四、学术成果评价

学术成果是科研活动价值的直接体现，能够准确、高效、直观地反映科研绩效，是研究人员学术能力的重要证明。⑤当前对研究成果的评价研究主要集中在评价方法设计和形式评价方面，相关文献为后续进一步研究提供了参考。在论文评价方面，程秀峰等认为，当前的评价方法主要依靠"同行评审"和"期刊声誉"，提出尝试使用大型语言模型对论文进行评价，以期客观体现论文质量，基于这一思路，借助 AI 技术，构建了一个融合大型语言模型的论文评价框架，并对该模型潜在问题和风险进行探讨。⑥韩雷利用 Web of Science 数据库中关于"信息科学与图书馆学"这一学科的论文，借助机器学习中的监督学习算法训练评价模型，研究结果表明，依据论文发表后两年内的形式指标，能够提高模型的训练效果。⑦牌艳欣等借鉴模糊数学理论，探讨学术论文模糊评价的内涵和

---

① 郭瑞，杨天通. 我国智库评价研究：现状与未来展望［J］. 智库理论与实践，2022，7（1）：51–60.

② 任恒. 从智库影响力到智库能力：智库评价体系的视角转换与方式创新研究［J］. 情报杂志，2021，40（5）：178–185.

③ 梁丽，张学福，周密. 基于政策反馈理论的智库评价模型构建研究［J］. 情报杂志，2021，40（8）：201–207.

④ 许洁，刘梦琦. 中国特色新型出版智库评价指标体系构建［J］. 中国编辑，2023（8）：22–28.

⑤ 田贤鹏. 高校教师学术代表作制评价实施：动因、挑战与路径［J］. 中国高教研究，2020（2）：85–91.

⑥ 程秀峰，李嘉琦，杨金庆，等. 大语言模型对学术论文评价的可利用性探讨［J］. 图书情报工作，2024，68（18）：41–49.

⑦ 韩雷. 基于 BP 神经网络的学术论文评价模型研究［J］. 现代情报，2024，44（2）：170–177.

功能，提出学术论文模糊评价的具体方法和实施路径，为构建论文评价的智能算法提供了一种新的思路。① 图书评价也是学术成果评价的重要研究对象，蒋颖认为出版前的同行评审缺乏、评价数据的有效性偏低、相关评价研究薄弱等方面原因，限制了对学术图书进行评价，进而提出基于学术图书生命周期理论，构建学术图书全过程评价模型，尤其要破除部门间的信息限制，增强评价数据信息共享，建立以同行评审为基础、定量评价为辅助的学术图书综合性评价体系。② 基于类似观点，金洁琴和冯婷婷认为，学术图书是人文社会科学领域重要的学术成果形式，提出从多个维度出发构建一个科学合理的人文社会科学学术图书影响力评价体系，具体地，应在学术影响力和社会影响力两个方面，选取相关量化指标建立评价体系。③

① 牌艳欣，索传军，肖玥，等. 学术论文模糊评价方法研究 [J]. 图书情报工作，2024，68（1）：13-26.

② 蒋颖. 中文学术图书评价的瓶颈与突破——基于图书生命周期视角的分析 [J]. 中国社会科学评价，2022（4）：133-144+158.

③ 金洁琴，冯婷婷. 中文人文社会科学学术图书的学术影响力与社会影响力评价研究——以省哲学社会科学优秀成果奖为例 [J]. 情报理论与实践，2023，46（3）：166-173.

第三章　评价理论

　　评价理论是构建评价体系的基础，需要系统性论述学术评价体系各要素之间的逻辑联系，为评价体系的建立提供可操作性指引。一般认为，学术评价体系的基本要素包括评价主体、评价对象、评价目的、评价标准、评价方法、评价程序这六个方面。①明确评价目的是构建评价体系的首要环节，在宏观层面，哲学社会科学学术评价是为了加快构建中国特色哲学社会科学，建构中国自主的知识体系，在具体的操作层面，学术评价应有助于"把优秀研究成果真正评出来、推广开"②，引领哲学社会科学正确发展方向。通过提出"哲学社会科学高质量学术成果"这一概念，一方面，从理论上分析"优秀研究成果"的本质特征和关键要义，即高质量学术成果③应具备思想性、实践性、规范性、创新性，为确定评价标准提供理论依据；另一方面，从评价实践上看，对高质量学术成果的评价有助于通过示范效应引导学术发展方向。基于高质量学术成果的概念内涵，首先由评价目的和评价对象确定评价标准，进而确定评价主体和评价方法，最后制定评价程序，将各评价要素有机组织起来，形成具有可操作性的评价体系，为评价实践提供前提条件。

第一节　概念：哲学社会科学高质量学术成果

　　习近平总书记明确提出，要建立科学权威、公开透明的哲学社会科学成果评

---

　　①　叶继元. 学术"全评价"体系与中国特色哲学社会科学学术评价体系的构建与完善［J］. 情报资料工作，2021，42（3）：15–22.

　　②　习近平. 论党的宣传思想工作［M］. 北京：中央文献出版社，2020：236.

　　③　"高质量学术成果"如无特别说明，就是指"哲学社会科学高质量学术成果"。

价体系，建立优秀成果推介制度，把优秀研究成果真正评出来、推广开。① 然而，学术界普遍认为，学术评价研究在基础理论和评价方法上仍有较多关键问题需要深入探讨②③④，学术评价研究基础的不足，在一定程度上限制了评价实践在服务科研管理、促进人才培养、引导学术发展等方面的作用⑤。

当前，在学术成果评价的研究中存在一些不足。一是在学术评价的理念上，虽然认识到评价实践具有"指挥棒"作用，能够显著影响学术发展方向和学术生态环境，但是研究重点通常集中于对学术成果等级的评判或评定⑥，而忽视了学术评价体系如何引领哲学社会科学正确发展方向这一具有宏观意义的重要理论问题。二是在评价的基础理论上，较多文献依然以引文数量、下载次数、作者身份、出版单位层级等量化指标作为区分研究成果等级的价值判断依据，即使一些学者为克服量化评价的固有缺陷，对数据来源、测算方法等进行大量创新尝试，但是这些研究均无法克服"形式属性"⑦的天然缺陷，即无法反映学术成果的内在价值信息，实际上，引文数据等形式属性与学术成果质量之间并无直接的因果关系。另外，即使有学者呼吁重视基于学术成果内容的评价，由于评价的成本和规范性等问题，对内容评价的研究往往聚焦在评价程序方面，而缺少学科专业知识和科研经验对构建评价标准的支撑。三是在评价实践方面，较少研究直接对学术成果本身进行评价，而是更多地将期刊、高校科研院所、智库等学术载体作为主要的评价对象⑧⑨⑩，虽然这些文献对学术成果评价的基础理论和应用研究具

① 习近平. 在哲学社会科学工作座谈会上的讲话（2016年5月17日）[N]. 人民日报，2016-05-19（02）。

② 张卓，黄滋淳. 隐忧与出路：数字规训之于大学学术评价的审思[J]. 高教探索，2024（3）：39-47.

③ 查岚，汪霞. 学术评价制度的实践偏差[J]. 高教发展与评估，2023，39（4）：25-33+120.

④ 李正风，阎妍，武晨箫. 学术评价破"五唯"与科学共同体的责任[J]. 科学学与科学技术管理，2022，43（10）：17-28.

⑤ 苗建军，王擎，张彤. 关于我国学术评价体系的反思及建议[J]. 经济学报，2020，7（4）：214-226.

⑥ 沈固朝. 学术期刊评价十问[J]. 中国科技期刊研究，2023，34（5）：564-568.

⑦ "形式属性"中"形式"的含义，与叶继元教授2010年发表于《南京大学学报（哲学·人文科学·社会科学版）》的论文《人文社会科学评价体系探讨》中提出的概念"形式评价"中的"形式"是一致的。

⑧ 钟秋波. 社科学术期刊评价：回顾、反思与构想[J]. 四川师范大学学报（社会科学版），2023，50（4）：138-148.

⑨ 蒋林浩，张优良，李晓兰，等. 学科评估背景下大学学科应对模式及影响因素研究[J]. 教育发展研究，2024，44（5）：18-25.

⑩ 孙掌印，姚凯波，徐路，等. 我国智库评价研究态势、热点与趋势——基于《中国学术期刊（网络版）》数据的分析[J]. 现代情报，2021，41（11）：170-177.

有促进作用，但是，学术界一般认为学术成果是科研活动价值的直接体现，对研究成果的评价是学术评价的基础①，因此缺乏对学术成果直接的评价研究，影响学术评价体系的发展和完善。

为进一步深入研究学术评价的基础理论，落实"把优秀研究成果真正评出来、推广开"，本书提出一个新的学术评价概念：哲学社会科学高质量学术成果。基于高质量学术成果的概念内涵，从理论上探讨"优秀研究成果"的基本特征和关键要义，为构建以内容为基础、以质量为导向的学术成果评价体系进行理论探索。

首先，在评价的理论基础方面，对高质量学术成果的基本特征和关键属性进行系统性研究，有助于在理论上界定"优秀研究成果"的概念内涵。一方面，"优秀"表示"很出色、非常好"的意思，通常用来说明事物在某一方面具有突出的特质，包含的内容比较宽泛，"高质量"则强调学术成果在"质量"方面的特征，其内涵相对精确；另一方面，"高质量"与"优秀"之间存在联系，有较高质量的学术成果一般可以认为是优秀的，即研究成果的质量是优秀程度的一个维度。因此，本书以"质量"为切入点分析优秀学术成果的本质特征，为评价体系的价值判断和指标选取提供理论依据。

其次，在评价实践方面，对高质量学术成果的评价研究为引导哲学社会科学正确发展方向提供了有力抓手。第一，评价标准在很大程度上体现了评价的价值取向，高质量学术成果评价标准的确立，促使学术研究更加注重科研成果质量。第二，对高质量学术成果的评价能够进一步识别具有示范作用的学术成果，即"示范性高质量学术成果"②，通过示范效应增强对学术研究的引领作用。第三，对示范性高质量学术成果的系统性分析③，从内容上说明学术成果的优势和特色，即成果中的哪些内容使其具备了高质量学术成果的必要属性，从而更直观更具体地展示高质量学术成果的示范作用。

最后，对于学术评价研究来说，基于高质量学术成果的概念构建评价体系，是探索内容评价及相关理论的一种尝试，对增强评价的规范性、降低评价的成

---

① 陈敏，王轶. 破"五唯"政策视角下的学术成果评价研究［J］. 重庆大学学报（社会科学版），2021，27（4）：60-70.

② 如果将"高质量学术成果"作为评价对象，那么通过评价体系评选出部分更具优势和特色的学术成果，即可被视为"示范性高质量学术成果"。

③ 评价结果除了将部分符合条件的学术成果评出来，还应包含对学术成果主要特征的评价或评述。

本、优化评价的程序设计均提出新的要求，在一定程度上促进学术评价的理论创新。同时，高质量学术成果对成果"质量"的研究，也是对学术界关于学术评价"重量轻质"的一种回应。

第二节　属性：思想性、实践性、规范性、创新性

哲学社会科学从学科构成来看，包括哲学、人文科学和社会科学，其可以简单认为是除自然科学和工程技术对应学科以外的其他全部学科。在这个意义上，"哲学社会科学"与"人文社会科学"在学科构成上比较接近，但是，哲学社会科学的关键特征是其具有鲜明的意识形态属性，有明确的指导思想和"正确"的发展方向。①中国特色哲学社会科学以马克思主义为指导思想，伴随马克思主义中国化时代化不断汲取新的理论营养。习近平新时代中国特色社会主义思想是新时代中国特色哲学社会科学的旗帜和灵魂。哲学社会科学高质量学术成果必须坚持马克思主义的世界观和方法论，同时具有较高的学术价值，能够为引导哲学社会科学正确发展方向产生显著的示范效应，应包含四个方面的必要属性：思想性、实践性、规范性、创新性。

一、思想性

思想性是指哲学社会科学学术成果在提升人们认识世界的水平和能力方面具有的属性。学术研究的一项核心目标是发现规律、凝练理论、传播思想，通过学术成果改变人们对世界的认识，使对某一领域或问题的理解更加全面、系统、准确、深刻。哲学社会科学的知识体系内容丰富，其中的理论观点深刻影响人们对社会的认识，进而产生对社会实践的重要指导意义。因此，哲学社会科学高质量学术成果必须能够对人们的思想有所启发，在一些重要问题或领域提出新观点、构建新理论，体现较强的思想价值。

哲学社会科学学术成果的思想性主要有五个方面：一是高质量学术成果必须

---

①　这里的"正确"旨在强调哲学社会科学的发展不应随意发挥，没有绝对意义的"学术自由"，而应坚持以马克思主义为指导，在符合科学规律、经得起实践检验的前提下，沿着应有趋势健康发展。

体现马克思主义在哲学社会科学领域的指导地位，这是中国特色哲学社会科学的根本标志。马克思主义关于世界的物质性及其发展规律、人类社会及其发展规律、认识的本质及其发展规律等原理，为我们研究把握哲学社会科学各个学科各个领域提供了基本的世界观、方法论。① 二是要明确以人民为中心的研究导向，坚持人民是历史创造者的观点，树立为人民做学问的理想，尊重人民主体地位，聚焦人民实践创造，自觉把个人学术追求同国家和民族发展紧紧联系在一起，努力多出经得起实践、人民、历史检验的研究成果。② 三是要对重大理论和现实问题进行研究，坚持问题导向，认真研究解决我国社会主义建设中面临的突出问题、难点问题，增强人们对重大问题、重要实践的理解和领悟能力。四是重视理论创新，提出新的思想观点、理论框架，不能用我国的现实情况简单套用国外的现有理论，做出生搬硬套的理论解释，而是要根据中国实践提出具有中国风格、中国气派的新理论。五是要在理论论证上下功夫，从论证中体现新观点的逻辑结构，建立理论体系，通过严谨的论述增强人们对理论体系的理解，更好地发挥研究成果的学术启发作用。

二、实践性

实践性是学术成果在提升人们改造世界的能力方面具有的属性。马克思主义是实践的理论，实践的观点、生活的观点是马克思主义认识论的基本观点，实践性是马克思主义理论区别于其他理论的显著特征。具体地，高质量学术成果在构建理论、分析论证、收集数据、提出观点等研究过程中，应以实践为基础，理论前提和理论论证坚持实事求是的原则，并且明确学术研究的目标是指导实践。

哲学社会科学学术成果的实践性主要有五个方面：一是高质量学术成果的研究选题必须密切关联社会实践，对重大实践问题、急需解决的困难问题、当前经济社会发展中热点问题等，进行深入系统的研究，提出切实可行的解决思路和方法。这体现了问题导向原则，是指导人们实践的最直接高效的方式，也是大部分对策研究成果所须具备的基本特征。二是学术成果的理论框架、前提假设应具有坚实的实践基础，确保研究的理论起点符合社会运行的基本现实，要基于客观现实构建理论体系，而不能在架空的设定下追求理论形式上的精致，却忽视现实情

① 习近平. 论党的宣传思想工作［M］. 北京：中央文献出版社，2020：222.
② 习近平. 论党的宣传思想工作［M］. 北京：中央文献出版社，2020：224.

况的复杂性、多样性、不确定性，从而与实践相悖，这种学术成果自然无法指导实践。三是高质量学术成果中提出的理论须是经得起实践检验的理论，只有经得起实践、人民、历史的检验，学术成果才具有持久的理论生命力，其理论体系才具有真正的学术价值和指导实践的能力。四是高质量学术成果在调研访谈、收集数据等方面须做到扎实可靠，对所研究的问题和现实情况进行详尽的调查研究，获取翔实的数据资料，并将研究的理论框架与现实情况有机地结合在一起，在对现实情况充分了解的基础上，做出系统全面、准确深入的研究。五是高质量学术成果的研究结论应清晰准确，有针对性且符合客观实际情况，能够对现实问题的解决产生重要指导意义。

三、规范性

规范性是学术成果对学术研究的范式标准、惯例等学术共识的遵循程度。学术成果的规范性在很大程度上体现了科研人员的学术素养，也是研究成果学术性、专业性、严谨性的重要体现。良好的规范性有助于提高研究成果在学术界的传播效率，对于促进学术生态环境的改善也有积极作用。规范性对于学术成果有三个方面的重要意义：一是对理论论证提出了隐形的约束，即需要仿照一定的学术惯例或研究范式完成理论论述，这有助于增强研究成果论证的严谨程度，促进研究内容的体系化、学理化；二是良好的学术规范性使学术成果的结论较容易复现，便于学术同行检验研究结果的真实性，判断成果的可重复性和稳定性；三是规范性要求研究成果具有符合标准的行文表达方式，如图表制作、学术用语、公式符号等，从而促进成果传播和学术交流。

哲学社会科学学术成果的规范性主要有五个方面：第一，研究成果在内容组织上要结构清晰、层次分明、系统性强。良好的内容组织结构是高质量学术成果的必要条件，有助于清晰地展示文章的观点、论据、结论等重要内容，提高学术交流效率，并且结构清晰的内容组织是构建严密的系统性论证过程所必需的，越是体系完善的理论论证越需要结构清晰的组织结构。第二，在理论论证方面做到因果链条通畅可靠，逻辑体系严谨完备。理论的推演和论述是学术成果的核心内容，是体现理论贡献、启发学术思想的关键，也是研究设计、数据收集、实证检验、政策建议等环节的前提和基础，只有严格按照学术规范对概念内涵进行充分说明，对理论关系做出严密完整的论述，论据扎实、逻辑通畅，才能实现研究的理论价值，相反，如果仅在形式上做出简单的解释，而没有充分扎实的论据和完善的论述过程，那么研究结论不能令人信服，研究成果的质量自然无法得到保证。第三，在数据资料的收集和使用方面应严格遵守学术规范，具体地，不同学科和研究领域对于数据的获取通常有已经形成共识的、成为惯例的做法，这些做法经过大量研究实践的检验，体现了前人工作的经验积累，可以被视作一种学术规范，因此高质量学术成果须按照这种规范，在数据收集、整理、分析等多个方面增强规范性。第四，在学术成果的表现形式和表达方式上要具有良好的规范性，一方面，学术成果中的图、表、公式、引文、注释等，作为学术成果的重要组成部分，学术界一般有较明确的标准，高质量学术成果须严格遵守这些标准；[①] 另一方面，学术成果的文字表达应使用规范的学术书面语，做到词句朴实理性、内容精准精练。第五，学术成果必须符合科研诚信的基本要求，严禁任何有违学术道德的科研行为，如抄袭、剽窃、数据造假、虚假设定学术身份等，均属于严重的科研诚信问题。[②]

四、创新性

创新性是研究成果中的新内容在学术价值上的体现。学术界越来越关注研究成果的创新性[③]，期刊论文、学位论文、课题申请、项目结项等多个领域都十分强调创新在其中发挥的关键作用。创新对于哲学社会科学发展具有极为重要的意义，在某种程度上可以认为，理论的发展就是一个不断推出创新研究成果的过程，新概念、新观点、新理论、新思想的产生都离不开学术创新，正是在不断创新的过程中，学科体系、学术体系、话语体系才能够快速发展，从而推动加快构建中国特色哲学社会科学。并且，创新能力和创新意识是科研人员最重要的学术素养，建设一支具有创新竞争力的人才队伍是学科建设和学术发展的基础，在学术评价中突出创新性，对于激励人才创新能够产生明显的促进作用。[④] 因此，高质量学术成果必须具有较强的创新性，这既是对研究成果学术价值的基本要求，也是对高质量成果引导学术发展、激励人才创新的必然要求。

---

① 胡选宏. 学术出版物注释与参考文献规范例析［J］. 出版发行研究，2024（8）：55-62.
② 关于科研诚信的更多内容，可参考《科技部等二十二部门关于印发〈科研失信行为调查处理规则〉的通知》。
③ 苏新宁，蒋勋. 促进学术创新才是学术评价的根本［J］. 情报资料工作，2020，41（3）：9-13.
④ 刘颖. 构建多元化创新科技人才评价体系［J］. 中国行政管理，2019（5）：90-95.

哲学社会科学学术成果的创新性通过四个方面体现：第一，研究选题的创新。按照一般的科研规律，发现一个"好"的研究问题是做出一个好研究的前提，这也是"坚持问题导向"在科研工作中的一种体现，只有深入观察生产和社会实践，从中发掘出具有重要理论和实践意义的问题，才能形成有创新价值的理论。第二，理论体系的创新。理论研究是哲学社会科学的重要内容，也是体现学术成果思想性的主要方面，一般可以借助新的概念、新的分析视角拓展出新的理论框架，为相关研究问题或领域提供新的思路和启示，展现研究成果的学术价值。第三，研究方法的创新。研究方法在验证理论假说、获取数据信息方面具有关键作用，一个好的研究方法能够以令人信服的方式对某些理论假说进行检验，也可以增强数据获取和分析的科学性，提高研究结论的可信度，因此在研究方法上进行创新，开发更严谨的理论验证方法或更科学高效的数据收集分析方法，都是学术研究中的重要创新点。第四，研究结论和政策建议的创新。研究结论是经由研究过程得到的一个最终结果，明确提出针对问题的判断或观点。高质量学术成果通常以清晰简洁的论断为相关研究问题给出创新性的明确结论，而且新的研究结论可以为相关政策建议提供新思路。

第三节　逻辑：评价体系的要素构成与组织

学术评价体系由评价主体、评价对象、评价目的、评价标准、评价方法、评价程序六个子系统构成。学术评价体系的各子系统之间存在相互联系，以哲学社会高质量学术成果的基本概念为理论起点，根据学术评价的特定目标，[①]构建高质量学术成果评价体系的逻辑框架，再根据这一逻辑框架，选取哲学社会科学的某个具体学科，并明确参与评价的成果类型，则可以构建适用于特定学科、特定种类研究成果的学术评价体系。通过开展学术评价实践，检验和分析评价体系的实际价值，更加深入系统地研究哲学社会科学学术成果的评价理论和方法。

---

①　对哲学社会科学高质量学术成果进行评价，其目标分为两个层面：一是在具体操作层面（微观层面），根据评价标准选出示范性高质量学术成果；二是在学科建设和学术发展层面（宏观层面），目标为通过高质量学术成果的示范效应，推动加快构建中国特色哲学社会科学。这两个层面在本质上高度一致。

在对哲学社会科学高质量学术成果的评价中，首先，应明确评价目的和评价对象，通过深入准确掌握评价对象的基本特征和必要属性，再结合学术评价的特定目标，确认评价标准。评价标准是评价体系中最关键的部分，它既决定着评价方法的设定，又在很大程度上影响评价主体的选择。一方面，它决定评价方法的设定；另一方面，深刻影响评价主体。其次，根据评价标准确定评价方法，在内容评价为基础的评价体系中，尤其需要将有着良好学科研究经验的专家作为评价主体。[①] 再次，根据评价对象和评价标准，确定可行且实用的评价方法，作为学术评价体系中收集和分析数据的重要环节。最后，根据上文提及的五个子系统，依据学术评价的基本流程，设定评价程序，将各子系统的具体构成，流程顺序明确地规定出来。评价程序可以看作是评价体系的一种过程实现，为评价实践提供充分前提。[②] 基于这一评价体系，开展学术评价实践，在实践中发挥学术评价的学术引领作用，并检验学术评价理论和评价体系。图 3-1 展示了学术评价体系的逻辑结构。

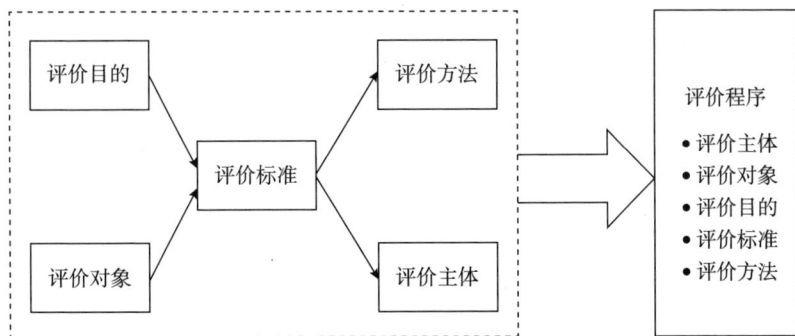

图 3-1 评价体系的逻辑结构

[①] 本书对评价主体的界定采用一种狭义方式，即在某一次具体的评价实践中，根据评价标准、使用评价方法，对评价对象直接做出评价的研究人员。相应地，利用评价体系开展评价实践的人员或机构，被定义为评价的组织者（或实施者）。

[②] 本书的评价程序与叶继元教授在其专著《学术"全评价"体系论》中提出的评价制度不完全一致，相比于叶继元教授的评价制度，本书的评价程序只是对评价体系各要素做出安排，组织起来用于完成评价，在一定程度上可以看作是狭义的评价制度。

第四章 评价体系

构建哲学社会科学高质量学术成果评价体系，需要按照评价体系的构建逻辑，明确评价主体、评价对象、评价目标、评价标准、评价方法、评价程序六个基本要素的具体内容。可以分五个步骤完成：①在加快构建中国特色哲学社会科学的总体要求下，明确高质量学术成果的评价目的和评价对象；②结合评价目的和评价对象的具体内容，以高质量学术成果的概念内涵为理论基础，确定评价标准是相关细节，增强评价体系的可操作性；③依据评价标准和评价目的选择评价方法；④由评价标准和评价方法确定适合的评价主体；⑤在明确上述五个基本要素后，设定评价程序，即将评价体系的各要素组织起来，制定程序流程，完成学术评价实施所需的各项准备。

第一节 评价目的和评价对象

构建高质量学术成果评价体系，首先应明确评价目的。从宏观上看，学术评价的目标是，在加快构建中国特色哲学社会科学的过程中发挥评价的"指挥棒"作用，引领哲学社会科学正确发展方向。在具体操作层面，评价目的是从高质量学术成果中评选出一部分具有示范作用的成果，即示范性高质量学术成果，①对这些成果做进一步的评价研究，系统性分析和阐释其在内容上的优势和

---

① "高质量学术成果"是符合相关定义和标准的学术成果的集合，而经过评价体系评选后得到的是"示范性高质量学术成果"，后者是前者的子集。通过对示范性高质量学术成果进一步的评价研究，发掘评价体系的学术指导作用，强化高质量学术成果的示范效应。

特色，以此强化高质量学术成果的示范效应。并通过这种示范效应，指引哲学社会科学的正确发展方向，为加快构建中国特色哲学社会科学，建构中国自主的知识体系发挥积极作用。相比于当前大部分学术评价实践，如期刊评价、图书评价、高校学科建设评价等，高质量学术成果评价有明显的不同。一是高质量学术成果评价是以质量为导向的内容评价，关注研究成果实际内容而非形式指标；二是高质量学术成果评价不是简单的评选或评审，更重要的是，还要根据评价标准对学术成果做系统深入的研究，将高质量学术的示范效应清晰地显示出来。

构建高质量学术成果评价体系自然需要对高质量学术成果进行可操作性定义，即明确哪些研究成果属于高质量学术成果，从而确定评价对象。根据哲学社会科学高质量学术成果的概念内涵，较高水平的思想性、实践性、规范性、创新性是高质量学术成果的必要条件。由学科专家推荐，并经评审委员会确定高质量学术成果，即评价对象。另外，学术成果有多种类型，本书对期刊论文、研究报告、[①]学术专著这三类成果进行评价研究。具体地，对于期刊论文，首先由相关学科专家根据重要期刊索引和自身研究经验初步推荐，其次请评审委员会确定最终的参评论文，即作为评价对象的"高质量期刊论文"。类似地，分别由学科专家推荐和评审委员会讨论，确定作为评价对象的"高质量研究报告"和"高质量学术专著"。需要说明的是，根据学术评价体系的构建逻辑，评价对象并不需要由评价主体决定，但是，这里借助学科专家和评审委员会确定作为评价对象的高质量学术成果，有三层含义：一是这里的学科专家和评审委员会并不是高质量学术成果评价体系构成要素中的评价主体，其作用仅是确定评价对象；二是评价对象一般由评价的组织者（或评价程序的制定者）根据评价目标确定，利用学科专家和评审委员会仅是为了提高评价对象选取的效率和准确度；三是从广义的学术评价定义看，由学科专家和评审委员会对期刊论文进行推荐，也是一个评价过程，这个评价过程的目的是确定高质量学术成果评价体系的评价对象。

---

① 这里的研究报告是指对某个或某类具体问题进行深入全面研究后，形成的系统性对策研究成果，内容较丰富，以图书形式出版，而不是内容较少的单篇对策研究成果。

第二节　评价标准

对高质量学术成果进行评价的目的是，通过示范效应引导学术发展方向。思想性、实践性、规范性、创新性是高质量学术成果的必要属性，也是其学术价值的重要体现，这四种属性构成高质量学术成果的最显著特征，因此，高质量学术成果的评价标准是思想性、实践性、规范性、创新性。对评选后得到的示范性高质量学术成果，依据评价标准进行系统性研究，阐释其在引领哲学社会科学正确发展方向中的示范作用。

具体地，思想性强调学术成果在提升人们理解和认识世界方面的作用，思想性较强的学术成果有助于人们更准确、全面、系统地认识某类问题。在对学术成果进行评价时，可以从研究选题、理论框架、研究结论三个方面对成果的思想性进行评价研究。实践性强调学术成果内容与实践之间的紧密联系，一方面，学术成果的论证分析必须以客观现实为基本依据，构建理论的前提假设必须有实践基础，不能是架空的、凭空构造的理论；另一方面，研究成果必须有实践指导意义，做到理论来自实践，指导实践，形成学以致用的研究成果。在对学术成果实践性的评价时，一般可以从研究选题、理论论述、数据收集和分析、研究结论和对策建议等方面进行分析。规范性体现研究成果对学术标准和惯例的遵守程度，通过在研究过程和形式上与既有研究保持一致的风格，使学术界或学术同行较方便地理解和参考，并保持学术研究的严肃性和严谨性。学术成果的规范性可以从理论论述、数据收集和分析、内容结构、文字表达等方面进行评价。创新性指学术成果在科研创新方面的特征，是学术贡献的重要体现，创新是学术界始终高度关注的热点，中国特色哲学社会科学的发展需要不断进行理论创新。在对高质量学术成果进行评价时，可以从研究选题、分析视角、理论模型、研究方法、数据来源、政策建议等多个方面进行评价研究。

以高质量学术成果的必要属性作为评价标准具有理论上的自洽性，然而，在评价实践的细节上，仍有两方面需要注意。一方面，虽然每种属性的概念内涵比较清晰，作为学科专家能够便捷地根据评价标准对评价对象做出分析和判断，但是更精确地说明每个评价标准的具体含义，有助于使评价体系更加公开透明。①

---

① 基于这个思路，在评价实践中可通过设计量表的方法对评价标准进行定量研究，提高评价的规范性和精确性。

另一方面，每种属性在研究成果的不同方面得到体现，但只需做出综合评判，例如，在研究选题、理论模型、研究方法等多个方面都可以体现创新性，只需整体上做出评价，而不需要成果在每个方面均有明显的创新。

第三节 评价方法

从形式上看，评价方法种类多样，例如，引文评价法、文摘评价法、同行评议法（也称德尔菲法或专家评议法）、信息权重调整法等，[①] 这些种类繁杂的方法可归结为定性评价法、定量评价法、综合评价法。根据叶继元的定义，"定性评价法是评价专家通过观察、阅读、讨论等对评价对象用文字语言进行相关描述的方法；定量评价法是在定性分析的基础上最终用数学语言进行描述的方法"。[②]概括地说，从评价结果的表达形式看，定性评价用语言文字描述评价结果，如"这篇期刊论文具有较强的思想性"，而定量评价用数字表达评价结果，如"这篇期刊论文被下载 20 次"。综合评价法将定性评价法和定量评价法结合起来，综合发挥两者的效用。

定性评价是定量评价的基础，在学术评价中占据主导地位，定量评价法由于其表现形式的简洁精确被广泛使用，在大部分评价实践中，通常综合运用这两种方法。本书参照既有的主流评价研究，以同行评议为基础，同时借鉴了管理学研究中对构念进行测量的设计思想，[③] 形成了一种新的综合评价方法。

一、对高质量学术成果必要属性的测量

哲学社会科学高质量学术成果的必要属性包括思想性、实践性、规范性、创新性这四个方面。从管理学研究方法的视角看，这四种属性可以分别被看作是一种构念，因此，通过严谨规范的测量方法，将不同学术成果在这四个方面进行量

---

① 俞立平. 一种消除指标信息重叠的学术评价方法——以学术期刊评价为例［J］. 情报理论与实践，2022，45（11）：49-53.

② 叶继元. 学术"全评价"体系论［M］. 北京：社会科学文献出版社，2021：113-114.

③ 顾红磊，温忠麟，方杰. 双因子模型：多维构念测量的新视角［J］. 心理科学，2014，37（4）：973-979.

化，提高评价结果在表达上的精确性，为进一步发挥量化研究工具提供基础。测量是一种规范的研究方法，在社会科学领域，测量可以表现为一种系统性的观察体现为测量活动，基于这种观察在特定规则下，将符号或数值分配给相关事物及其特征。① 测量与人类社会紧密相连，人类认知的演进使人类对世界的认识日益深化，塑造了社会结构，并逐步搭建起复杂的知识体系。测量本身带有社会属性，是社会科学研究中不可或缺的工具。在社会科学的测量实践中，有四种常见的变量类型：定类、顺序、定距和定比，测量被视为对这些变量的度量，形成了四种不同的测量级别。通常情况下，一个测量若能提供更多信息，其得出的结论更具解释力。有学者指出，测量实际上是一个遵循学术规范和关键要素的系统化数据处理与信息整合过程，这一过程呈现出明显的阶段性，系统性是测量不可或缺的关键特征之一，在此过程中积累的信息为研究奠定了基础。②

信度和效度是评判测量效果的两个重要指标。有学者对相关概念进行了系统性总结梳理。③ 信度用来衡量量表的精确度、稳定性和一致性，它反映了测量过程中随机误差导致的测量值变异的程度。常见的信度估计量包括重测信度、复本信度、折半信度、内部一致性信度等。重测信度，也称稳定性系数，指在不同时间点对同一样本使用相同的测验进行两次测量，通过计算两次测验分数之间的相关系数进行评估。复本信度，称替代信度或平行信度，让同一组被调查者同时完成两份等价的问卷，并计算两份问卷结果的相关系数。折半信度是通过将问卷项目分为两半，通过计算这两半得分的相关系数来估计整个量表的信度。内部一致性信度是一种广泛应用的信度评估方法，它是折半信度的扩展，反映了问卷条目之间的相关性，这些条目应当代表同一概念的不同方面。效度用于评估量表的准确性、有效性和正确性，即测量结果与实际目标值之间的偏差程度。它旨在确认测量工具是否有效识别出其所要测量的内容，即实际测量结果与预期目标之间的一致性。由于无法直接知晓目标真实值，效度的评估相对复杂，通常需要借助外部标准进行对照判断。常见的效度评价指标包括表面效度、内容效度、准则关联效度、结构效度、聚集效度和区分效度等。表面效度涉及条目的文字表述是否

---

① 伯克·约翰逊，拉里·克里斯滕森. 教育研究定量、定性和混合方法 [M]. 马建生，译. 重庆：重庆大学出版社，2015.

② 赵国栋. 科学与艺术：测量在社会科学研究中的应用——兼论西藏社会科学研究中测量逻辑的运用 [J]. 西藏研究，2020（5）：75–90.

③ 蒋小花，沈卓之，张楠楠，等. 问卷的信度和效度分析 [J]. 现代预防医学，2010，37（3）：429–431.

真正反映了所要测量的内容，这是一个基于专家评审的主观评价。内容效度关注量表条目是否覆盖了预期测量的内容，即被测者对问题的理解与回答是否与条目设计者的意图相符。结构效度，也称为构想效度或特征效度，检验量表的结构是否与理论模型一致，以及测量结果的内在成分是否与预期测量的领域相符。区分效度，也称判别效度或辨别效度，指不同特质的测量结果之间的相关性。聚集效度，也称聚合效度或收敛效度，指对于同一特质的多种测量的相关性。

二、充分发挥同行评议的基础性作用

在学术评价研究中，主流观点始终认为同行评议处于不可替代的主导地位。在高质量学术成果评价体系中同行评议具有基础性作用，由"学科专家"和"评价委员会"依据评价标准对学术成果进行评价，分两个主要阶段。

第一阶段，学科专家依据评价标准对高质量学术成果评分，然后评价委员会参考评分结果，并结合自身研究经验，评选出具有示范作用的学术成果，即示范性高质量学术成果。第二阶段，评价委员会对各示范性学术成果做进一步研究，分别从思想性、实践性、规范性、创新性四个方面对各篇学术成果进行系统性评价，阐释其在加快构建中国特色哲学社会科学中的优势和特色，凸显示范效应。显然，第一阶段与既有的大量评价实践类似，本质上可以看作是一个评选过程，即按照评价标准在评价对象中筛选出部分学术成果；第二阶段则是利用第一阶段的评选结果，进一步做出深入系统的评价研究，充分发掘高质量学术成果在引领哲学社会科学正确发展方向中的示范作用。评价的第二阶段本质上也属于同行评议，但对于传统的同行评议法进行创新，增加了定性评价的阐释性内容，增强了学术评价在引领哲学社会科学正确发展方向中的指引作用。

第四节　评价主体

有学者认为评价主体由参与学术评价的全体人员组成，可以包括评价的委托者、组织者、学科专家、社会媒体等。[①] 但是基于本书评价体系的构建逻辑，依

---

① 叶继元. 学术"全评价"体系论［M］. 北京：社会科学文献出版社，2021：110-111.

据评价标准、使用评价方法、直接提供评价结果的参与者，才属于评价主体。[①]也就是说，评价主体相对于某个具体的评价实践而言，并且，是在评价过程中给出评价结果（无论定性还是定量）的参与者。因此，在高质量学术成果评价中，评价主体不包括评价的组织者，也不包括其他未直接参与评价活动的科研人员、社会公众等。

显然在评价体系的框架内，评价主体首先要具备三个基本条件：第一，能够清晰准确地理解评价目的，将评价结果与评价目的紧密关联起来；第二，具有足够丰富的相关学科研究经历，能够准确全面地理解所在学科高质量学术成果的理论内涵和必要属性，为做出客观准确的评价提供条件；第三，有丰富的学术评价经验，能够正确使用评价方法，依据评价体系的要求给出客观准确的评价结果。同行评议法存在一些天然不足，如主观性较强，在构建评价体系时，应注意学术"小团体"等问题。因此，高质量学术成果评价体系中的评价主体包括研究背景深厚的学科专家，也包括部分相近专业的专家，在一定程度上避免学术小团体的负面影响。

具体地，高质量学术成果的评价主体由三类科研人员构成。一是青年学者，一般为普通一线科研人员，科研经历在3~5年，他们在日常研究工作中需要大量参考各类文献，对学术成果价值通常有直观真实的认识，对自己所在研究领域中的高质量学术成果有比较准确的判断，在评价实践中对一定数量的青年学者进行访谈，汇总评价意见，使其参与对高质量学术成果进行评分。二是资深学者，科研经历在5~10年，他们对学科建设和学术发展方向均有较深刻的认识，能够准确识别出具有良好学术价值的研究成果，并结合科研经验对评价标准形成准确全面的理解，显著提升评价的准确性，由资深学者汇总后青年学者的评价意见，对成果做进一步评价打分。三是评价委员会成员（评价委员），从事科研工作10年以上，并且有相近其他领域的研究经历，具有丰富的科研经验，对学科发展方向有准确把握，并且对加快构建中国特色哲学社会科学有较深入的理解，他们不仅可以准确评判成果的学术质量，还能够结合评价标准清晰地阐释研究成果的特色和优势，增强高质量学术成果在引导哲学社会科学正确发展方向中的示范效应。

在评价实践中，以上三类科研人员分为两个层级：第一层级由青年学者和资

---

① 在一定程度上，可以认为学术评价是为学术共同体服务的，但是，并不是所有学者都直接参与具体的学术评价，因此基于本书评价体系的构建逻辑，这些学者并不是评价主体。

深学者组成，统称为"学科专家"，负责对学术成果评分；第二层级由评价委员组成，即评价委员会，该层级专家根据第一层级的评分结果，通过讨论确定示范性学术成果，并对示范性成果的优势和特色做进一步说明。这里需要明确的是，由于本书在确定评价对象时实际上也进行了一个"评选"的过程，经"学科专家"推荐，由"评审委员会"确定高质量学术成果，作为评价对象。[①] 在理论上，确定高质量成果（即评价对象）的这一轮"评选"所涉及的"学科专家"和"评审委员会"与高质量学术成果评价体系中的评价主体（即第一层级的"学科专家"和第二层级的"评价委员会"），在人员构成上并不必然重合，可以由两组不同的科研人员组成。

第五节　评价程序

根据叶继元的理论，评价制度是学术评价的基本要素之一，评价制度被定义为"有关部门制定的保证评价活动进行、要求有关人员共同遵守的规程，包括评价专家遴选制度、监督制度、评价对象申诉制度、评价结果公示制度、反馈制度、评价结果共享制度、第三方独立评价制度等"，[②] 并包含"通过一定程序建立并确定下来的正式的约束"的意思，该定义体现了评价活动的严肃性，与"规章制度"有些类似，是在学术活动中日常遵守的规定。但是，本书构建的高质量学术成果评价体系，面向具体的评价实践，可看作是一个研究过程，主要强调评价的组织者对评价体系各要素的组织和流程设计，是对评价体系及其评价功能的实现。也就是说，在明确了学术评价体系的其他要素后，通过制定一个清晰顺畅的流程，确保评价实践有条不紊地开展，这体现了一种程序性过程，因此本书使用了"评价程序"这一概念表达对评价体系各要素的组织和协调。实际上，本书使用的"评价程序"和既有研究使用的"评价制度"这两个概念，都是对评价实践应如何组织实施的一种规定，因此从评价实践的角度看，两者具有高度的一致性，只是评价程序更强调某一个具体的评价活动，而评价制度为诸多类似的评价

---

① 在确定评价对象过程中的"学科专家"和"评审委员会"一般为科研经历在5年左右的研究人员。
② 叶继元. 学术"全评价"体系论［M］. 北京：社会科学文献出版社，2021：117.

活动开展确定地给出了基本约束，适用性更广泛。

　　具体地，在高质量学术成果的评价程序主要包括五个方面：第一，明确评价主体的具体构成，本书使用学科专家（包括青年学者、资深学者）和评价委员会组成评价主体。第二，向评价主体详细说明评价目的和评价标准，将评价主体的科研经验与评价体系有机结合起来。第三，确定评价对象，一方面，考虑到学术成果的学科差异，应按照学科门类对高质量学术成果进行分类评价研究；另一方面，针对不同的成果类型，对期刊论文、研究报告、学术专著三类成果进行分类评价。第四，根据评价标准，由两个层级的评价主体最终确定示范性高质量学术成果。第五，由评价主体依据评价标准，结合自身科研经验，对各示范性成果做进一步评价研究，阐释其在思想性、实践性、规范性、创新性四个方面的优势和特色，充分发挥高质量成果的示范效应。

第五章 评价实践（一）：
高质量期刊论文评价

　　期刊论文是一类十分重要的学术成果，对学术发展和学科建设产生显著影响。论文的活跃度较高，多数研究领域内的新观点、新方法通常最先在期刊论文上发表，而且期刊论文对研究热点的反应速度较快，当出现新的重要研究问题时，较早的研究成果通常以论文的形式呈现。因此，学术界普遍十分关注论期刊文这种成果形式。本书以经济学科为例，对高质量期刊论文进行评价研究。在经济学科期刊论文中，经推荐评审确定一批高质量期刊论文作为评价对象。依据评价标准，由学科专家和评价委员会共同评选出"示范性高质量期刊论文"，再由评价委员会根据哲学社会科学高质量学术成果的概念内涵，对示范性成果进行系统性的评价研究，阐释研究成果在思想性、实践性、规范性、创新性等方面的优势和特色，更充分地发挥示范性高质量期刊论文在引领哲学社会科学正确发展方向中的积极作用。①

第一节　评价过程和结果

　　本书以经济学科为例，对高质量期刊论文进行评价研究。在经济学科的期刊

---

　　① 需要强调的是，本章在理论上探讨哲学社会科学成果评价体系和推介制度，以理论研究为直接目的，评价实践可以看作理论研究的一部分。因此，在对示范性学术成果做进一步系统性评价研究时，事实上在操作层面，笔者参考专家提出的意见，整理成对应章节的内容。当然，如果使用本文给出的评价体系进行学术成果评价，完全可以按照评价体系，由评价委员会直接给出对成果优势和特色的分析。

论文中（以 2023 年发表的论文为主），首先，由学科专家推荐，经评审委员会讨论，确定一批期刊论文作为评价对象。其次，评价委员会根据学科专家对高质量期刊论文的评分，经过讨论评选出 23 篇示范性高质量期刊论文。表 5-1 列出了评选出的 23 篇示范性高质量期刊论文。从期刊来源看，示范性成果主要来自在学术界具有良好声誉的期刊，如《中国社会科学》《经济研究》等，这在一定程度上说明了示范性高质量期刊论文的学术影响力；从研究主题看，论文涉及领域较广，包括数字经济、共同富裕、共建"一带一路"倡议等热门研究方向，说明示范性成果基本上紧跟研究热点，理论研究的实践性较强。最后，由评价委员会根据哲学社会科学高质量学术成果的理论内涵和必要属性，从思想性、实践性、规范性、创新性四个方面对示范性成果进行评价研究，系统性分析各篇期刊论文的优势和特色，凸显高质量成果的示范效应。

表 5-1　示范性高质量期刊论文（经济学科 2023 年）

序号	题目	期刊来源
1	数字技术驱动高端颠覆性创新的过程机理：探索性案例研究	《管理世界》
2	数字经济与实体经济深度融合的内涵和途径	《中国工业经济》
3	"一带一路"倡议推动国际贸易的共享效应分析	《经济研究》
4	建构中国经济学自主知识体系的方法论和方法	《经济研究》
5	宅基地改革：制度逻辑、价值发现与价值实现	《管理世界》
6	中华传统文化中的经济思想对当代经济学研究的启示	《经济学动态》
7	中国制造企业绿色转型的自愿性环境规制路径——以 ISO14001 环境管理体系认证的作用与局限性为例	《财贸经济》
8	基于碳排放影响因素的城市群碳达峰研究	《经济管理》
9	促进还是抑制：政府研发补助对企业绿色创新绩效的影响	《中国工业经济》
10	外需冲击、经济再平衡与全国统一大市场构建——基于动态量化空间均衡的研究	《经济研究》
11	数字财富的创造、分配与共同富裕	《中国社会科学》
12	面向经济高质量发展的中国全要素生产率演变：要素投入集约还是产出结构优化	《数量经济技术经济研究》

续表

序号	题目	期刊来源
13	全要素生产率再审视——基于政治经济学视角	《中国社会科学》
14	ETF、股票流动性与股价崩盘风险	《金融研究》
15	国际贸易隐含碳研究进展	《经济学动态》
16	不确定性、信息生产与数字经济发展	《中国工业经济》
17	人口老龄化、企业债务融资与金融资源错配——基于地级市人口普查数据的实证研究	《金融研究》
18	营商环境优化、人力资本效应与企业劳动生产率	《管理世界》
19	中国经济学研究"问题"的内涵、层次与特色	《经济学动态》
20	分工与协调：区域发展的新格局、新理论与新路径	《中国工业经济》
21	政府创新补贴提升数字经济企业研发强度了吗？	《经济管理》
22	财富差距的居民消费抑制效应：机制探讨与经验证据	《数量经济技术经济研究》
23	国际冲击下系统性风险的影响因素与传染渠道研究	《经济研究》

需要强调的是，本书的研究目标是在理论上探讨优秀研究成果的评价体系和推介制度，书中的评价实践本质上是对评价理论和评价体系的一种研究检验，类似于对"原型系统"的测试，因此对于本书评选出的示范性高质量成果，仅说明这些研究成果在一定程度上符合本书提出的评价标准，而其他未被评选的研究成果并非必然地被排除在优秀成果之外。

第二节　示范性高质量期刊论文评价研究

依据评价标准，对各篇示范性高质量期刊论文的优势和特色进行系统性评价研究，凸显其在引领哲学社会科学正确发展方向中的示范效应。具体地，对各示范性成果的基本信息进行汇总，然后根据评价委员的意见，分别对每份研究成果在思想性、实践性、规范性、创新性四个方面进行评价。

成果编号：A01

题目：数字技术驱动高端颠覆性创新的过程机理：探索性案例研究

作者及单位：刘海兵、黄天蔚，武汉科技大学管理学院；刘洋，浙江大学管理学院

发表刊物：《管理世界》，2023 年第 7 期

内容简介：新一轮科技革命为高端颠覆性创新带来了新的技术机会窗口。在激烈的全球竞争情境下，新时代中国制造企业可以通过高端颠覆性创新获取主流市场，走出新的道路。基于美的微蒸烤一体机的探索式案例分析，本文提出了数字技术驱动高端颠覆性创新的理论框架，研究发现：①高端颠覆性创新产生过程包括模糊前端阶段（机会识别，产品概念）、开发阶段（牵引技术，仿真实验）、商业化阶段（数字化监测，迭代升级）三个核心阶段的核心创新活动；②数字技术的连接、聚合和分析能力的发挥，通过数字连通（数字孪生、数字化生态嵌入）和数字协同（数字化开放式创新、数字化分布式协同）两类机制驱动高端颠覆性创新的产生。通过探讨数字技术驱动高端颠覆性创新的产生过程机理，本文发现，不仅贡献于颠覆性创新理论和数字创新文献，也为中国制造企业抓住数字变革机遇产生高端颠覆性创新提供管理启示。

关键词：数字技术；颠覆性创新；数字化创新；案例研究

一、思想性

论文研究了数字技术对高端颠覆性创新的作用机制，提出了高端颠覆性创新由模糊前端阶段、开发阶段、商业化阶段三个核心活动构成，并且数字技术的连接、聚合和分析能力的发挥，通过数字连通和数字协同这两类机制驱动高端颠覆性创新。

技术创新是促进经济社会进步的关键因素，颠覆性创新的创新程度高，对技术进步的促进作用较为明显，因此对颠覆性创新的深入研究有助于加深对技术创新的理解，形成更全面深刻的理论认知。虽然当前研究技术创新的文献很多，但是学术界对颠覆性创新活动中涉及的大量理论问题仍未充分理解。因此，该研究成果从数字技术驱动的角度对高端颠覆性创新进行探讨，对于更全面深刻理解技术创新活动具有重要的思想价值。

论文构建的理论框架具有较强的思想性。在理论结构方面，将高端颠覆性创新分成了模糊前端、开发、商业化三个阶段，并进一步将各阶段在更细的维度上进行分析，对高端颠覆性创新的过程进行了细致的刻画，在此结构中论述了数字技术对创新的影响。并且，论文从数字连通和数字协同这两个方面对数字技术影响颠覆性创新过程的机制进行研究，更深入地揭示了创新的过程，为学术界深入理解数字技术对颠覆性创新的影响提供了理论启发。

在研究结论方面，对高端颠覆性创新产生过程的三个阶段进行了理论总结，进一步明晰了模糊前端阶段、开发阶段、商业化阶段的内涵。同时，从数字连通和数字协同两个方面总结了高端颠覆性创新的作用机理。研究结论给出了数字技术驱动高端颠覆性创新的理论框架，对创新过程与创新机理及各相关子系统的关系进行了有机组合，为深入理解技术创新过程提供了新的认识，有助于促进学术界进一步研究企业创新的作用机制。

二、实践性

技术创新是促进经济社会发展的关键因素，当前我国经济发展正处于产业升级的重要期和窗口期，面对复杂多变的国际政治经济环境，只有不断实现技术创新，才能稳步提高产业竞争力和抗风险能力。企业创新研究一直是经济学科的研究重点和热点。颠覆性创新的创新程度强，能对企业技术进步产生较高价值，但同时面临较大风险，因此，深入研究颠覆性创新的内在机制，具有重要的现实意义。并且，论文结合数字技术研究颠覆性创新，进一步增强了当前数字经济快速发展背景下对于技术创新的实践意义。

论文采用探索性单案例研究方法，以美的微蒸烤一体机为研究案例，构建数字技术环境下高端颠覆性创新的理论框架，论述内容基于调研访谈、档案、公开资料等，与现实情况关联紧密。在构建理论模型过程中，论文始终紧密关联美的微蒸烤一体机研发实际和相关具体情况，论述过程与企业创新活动的客观现实高度关联，体现了理论论证的现实性和实践性。

论文明确给出了数字技术作用于高端颠覆性创新的理论机制，概念框架清晰明了，为基于这一概念框架设计实证研究提供了基础。论文提出，可以在不同创新项目、企业类型、行业中综合使用质性数据、问卷调查、二手数据等方式，进一步对论文中的理论框架进行检验。

论文给出了三点政策建议：一是创新管理中要充分利用数字技术的连接、聚合和分析能力；二是企业管理者应更加重视物与物、人与人之间的信息连接，并意识到企业内外部资源的数字化整合的重要作用；三是建议政府部门鼓励企业利用数字技术实现高端颠覆性创新，并在体制机制方面做好相关的保障措施。这些政策建议与论文的结论之间存在很强的逻辑联系，且符合当前创新管理的实际情况，对于提高创新能力、改善创新环境具有实践指导性。

三、规范性

论文基于对美的微蒸烤一体机研发的细致调查，发现数字技术的驱动作用贯穿高端颠覆性创新的全过程，即模糊前端、开发、商业化，并且数字连通和数字协同这两个机制发挥重要作用。在对现实观察的基础上，论文分不同层次系统性概括了数字技术在高端颠覆性创新全过程的作用，对机会识别、产品概念、牵引技术、仿真实验、数字化监督、迭代升级等相关概念进行了说明和分析。在分析创新机制时，从数字孪生、数字化开放式创新等角度做出更深入的研究。理论论述层次性和系统性较强，概念含义表达清晰准确，因果关系的论证也具有较好的逻辑性。

论文较规范地使用了探索性单案例研究方法。当前，我国经济管理学科中量化实证研究方法较普遍，案例研究相对较少，但是案例研究对于深入探究微观经济机理具有重要作用。在案例研究方面，论文在方法选择、案例选择、数据收集、数据分析等主要环节均严格遵守案例研究规范，符合学术标准，为其他类似研究方法的使用提供了较好的研究参考。

论文的数据资料以访谈数据为主，还包括档案、公开资料等，对数据来源进行了详细说明，真实性较高。在数据的使用方面，按照过程型理论开发方式，进行"数据—涌现理论—文献"的持续比较分析。并且，按照叙事分析、初始编码、进一步编码、构建理论四个阶段利用数据建立理论框架，对数据的使用严谨规范。该成果语言表达流畅准确，用词朴实易懂。另外，在文献的引用、图表制作等方面均较规范。

四、创新性

论文从数字技术驱动的角度深入研究了颠覆性创新过程，尤其是聚焦于高端颠覆性创新，这与当前既有文献有较大区别，在探索更高水平技术创新的课题中做出了新的尝试。虽然论文引用了"模糊前端"等其他学者的相关概念，但是论文中的案例阐释了颠覆性创新的全貌，仍可视作较有意义的理论创新。另外，论文深入分析了数字技术通过数字连通和数字协同这两种机制对高端颠覆性创新的显著作用，进一步揭示了颠覆性创新的关键影响因素，为相关理论研究提供重要参考。

论文基于理论分析给出政策建议，如政府部门应建立有助于保障企业利用数字技术进行技术创新的政策体系，同时要提高数据隐私和安全性。政策建议符合一般的认知或常识，并且建议与论文的理论结论之间具有较强的关联性，这可以看作是从新的理论视角支持相关政策建议的一种体现。

在数据和方法方面，论文主要通过一手数据构建理论框架，数据来源较新颖。另外，虽然探索性单案例方法是一种成熟的研究方法，但是考虑到当前我国经济管理学科中的案例研究相对较少，该成果仍然为相关类似研究提供了方法上的借鉴。

成果编号：A02

题目： 数字经济与实体经济深度融合的内涵和途径

作者及单位： 洪银兴，南京大学长江三角洲经济社会发展研究中心；任保平，南京大学数字经济与管理学院

发表刊物：《中国工业经济》，2023年第2期

内容简介： 数字经济和实体经济深度融合是数据成为关键生产要素后提出的要求，涉及数据要素、数字技术、平台经济和数字共享与实体经济之间的深度融合，也是建设现代化产业体系的内在要求。推动数字经济与实体经济走向深度融合，需要数字技术和数据要素双轮驱动，具体体现在数字经济与技术创新深度融合层面，将产业技术与数字技术创新融合起来，构建数字经济与实体经济深度融合的技术创新机制；在数字经济与产业创新深度融合层面，实现创新链与产业链融合，构建数智赋能机制，实现数字产业化与产业数字化的融合发展；在数字经济与企业组织创新深度融合层面，构建数字经济与实体经济深度融合的能力提升机制，提高企业业务流程数字化再造能力、智能化能力和数字化能力。为此，需要构建数字经济与实体经济深度融合的生态系统，提高数字经济与实体经济深度融合的基础能力，完善相应的基础设施和治理体系。

关键词： 数字经济；实体经济；现代化产业体系；高质量发展

一、思想性

论文研究了数字经济与实体经济深度融合的理论内涵与实现路径，提出从数字技术和数据要素两个方面推动数字经济与实体经济深度融合。论文从数字经济发展的现实情况出发，论述了数字经济与实体经济深度融合的内涵，并归纳出需要解决的四大问题，在此基础上进一步提出，应重点分析数字经济与技术创新、产业创新、企业组织创新之间的关系，进而构建有利于推动数字经济与实体经济深度融合的生态系统。论文结合我国数字经济与实体经济的发展现实，从理论上清晰地给出了数字经济与实体经济深度融合的理论内涵，并系统地论述了数字经济与技术、产业、企业组织三个层次创新的关系，丰富了学术界对数字经济与实体经济融合的认识。而且，基于理论论述提出的政策建议，即完善数字经济与实体经济融合的生态系统，对当前推动我国数字经济高质量发展也具有较强的启发性。

当前我国数字经济快速发展，形成了一定的技术优势和市场规模，在这种条件下，推动数字经济与实体经济的深度融合，是促进实体经济高质量发展，提高产业竞争力的必然要求。因此，应如何理解数字经济与实体经济深度融合的概念内涵，在融合过程中存在哪些关键的经济学机制，以及如何有效推进实现数字经济与实体经济的融合发展，对这一系列问题的探索具有重要的理论价值。

论文提出了数字经济与实体经济深入融合的概念，即"数字技术和数据要素渗透实体经济的全过程，以数据要素与数字技术双轮驱动对实体经济进行改造"。在理论内容上从三个层面做了进一步的论述。第一，在数字经济与技术创新融合方面，论文提出在融合过程中形成数据、算法、算力的集成创新能力，使实体经济由工业技术升级为信息智能技术，生产车间转变为信息智能互联平台。第二，数字经济与产业创新融合的主要内容是数字产业化和产业数字化，充分利用数字技术推动产业高级化，形成产业链现代化。第三，数字经济与实体经济的深度融合，要在微观层面实现数字技术对企业组织形态和商业模式的全面渗透，借助数字技术促进企业的管理创新、业务创新、商业创新。论文根据数字经济与实体经济深入融合的内涵，从技术、产业、企业三个层面对数字经济与实体经济融合进行论述，这些理论观点对于深入理解数字经济与实体经济融合的内在机制具有重要理论启示。

在政策建议方面，论文提出促进数字经济和实体经济深度融合的重要前提是构建良好的数字生态。具体地，从基础设施生态、创新生态、产业生态、治理生态、政策生态、安全生态六个方面构建有利于数字经济与实体经济深度融合的生态体系。论文提出的政策建议充分建立在理论论述的基础上，有较强的说服力，对于当前我国促进数字经济与实体经济融合发展具有重要的政策参考意义。

二、实践性

党的二十大报告明确要求"加快发展数字经济，促进数字经济和实体经济深度融合，打造具有国际竞争力的数字产业集群"，促进数字经济和实体经济深度融合，对于推动我国经济高质量发展，实现中国式现代化具有重要意义。论文对数字经济与实体经济深度融合的理论内涵和实现路径进行研究，与我国经济建设重要实践紧密关联，具有显著的实践性。

论文的理论论述部分紧密贴近现实，从数字经济与实体经济融合发展的基本客观情况总结理论规律，例如，在提出数字经济与实体经济深入融合的概念内涵时，论文从实际出发总结当前数字经济与实体经济融合发展中存在的主要问题，基于现实问题论述相关理论。论文提出的主要理论观点清晰明了，可以较方便地转化为待检验的研究假说，从而为进一步的实证检验提供基础。

论文的政策建议具有较强的针对性，其主要观点与我国当前数字经济与实体经济融合发展的要求基本符合，结合既有相关文献和当前经济社会发展现实，可以认为论文提出的以构建生态系统为主要内容的政策建议在实践上较为可行有效。

三、规范性

论文的理论论述通过总结当前数字经济与实体经济融合发展中存在的现实问题开始，比较已有的相关研究后界定数字经济与实体经济深入融合的概念，并从技术创新、产业创新、企业组织创新三个角度论述数字经济与实体经济的深度融合。最后，得出应完善数字经济与实体经济融合发展的生态体系这一研究结论。论文的论述过程逻辑清晰、层次分明、严谨完备，体现了良好的学术规范性。另外，论文引用文献资料作为论据时，所引用的内容与上下文之间具有较强的逻辑关联性，能够充分证实所要表达的理论观点，且使用的二手资料出处较科学合理，例如，在说明我国数字经济发展水平时，引用《中国数字经济发展报告》（2022年）的数据，较准确地反映了数字经济发展实际情况。

四、创新性

论文的创新主要体现在理论论述和政策建议两个方面。具体地，在理论论述方面，清晰地给出了关于数字经济与实体经济深度融合发展的概念界定，并且这一概念内涵是在分析了数字经济与实体经济融合发展中存在的现实问题后给出的，这种结合具体问题提出的理论概念凸显了理论创新。论文进一步从技术创新、产业创新、企业管理创新三个视角，对数字经济与实体经济融合进行分析，这些理论视角在已有的相关研究中并不多见。在政策建议方面，论文指出以构建促进数字经济与实体经济融合的生态体系为主要内容的建议，并从六个主要方面进行说明，这些内容同样具有较强的创新性。

成果编号：A03

题目："一带一路"倡议推动国际贸易的共享效应分析

作者及单位：张辉、闫强明、李宁静，北京大学经济学院

发表刊物：《经济研究》，2023 年第 5 期

内容简介：共建"一带一路"是实现构建人类命运共同体重大理念的重要举措，旨在跨越不同地域、不同发展阶段、不同文明，为世界各国提供一个互惠共赢、共享发展的合作机遇。论文基于共建"一带一路"倡议形成的贸易合作网络，在控制了共建"一带一路"倡议的直接影响下，详细论证了"一带一路"贸易网络带来的发展机遇是否为世界各国所共享。通过利用 2010~2018 年的全球双边贸易数据，结合 Borusyak 等偏离份额方法的分析框架，①发现共建"一带一路"倡议形成的贸易合作网络显著促进了各国的贸易出口。从理论机制来看，这种促进作用主要是通过降低各国的生产成本和提升各国的产品需求引致。与此同时，随着各国出口行为的转变，"一带一路"网络内部的贸易联系显著增强，各国分工模式趋于专精化，协调互补的合作模式提升了"一带一路"贸易网络的活力，"一带一路"共谋发展、成果共享的初心使命得以实现。

关键词：共建"一带一路"倡议；共享效应；贸易网络；专业化生产

---

① Borusyak K，P Hull，X Jaravel．Quasi-experimental shift-share research designs［J］．The Review of Economic Studies，2022，89（1）：181-213.

一、思想性

论文借助量化方法剥离直接效应后，深入研究了共建"一带一路"倡议的共享效应，分析了贸易合作网络对相关国家出口的影响及形成机制。研究结果指出，基于共建"一带一路"倡议构建的贸易网络能够降低相关国家的生产成本，提升产品需求，从而显著提高各国贸易出口。

2013 年，习近平总书记提出建设"丝绸之路经济带"和"21 世纪海上丝绸之路"的重大倡议。十多年来，"一带一路"建设取得辉煌成就，得到越来越多的积极响应和有力支持。对共建"一带一路"倡议的研究，有着重要的理论和现实意义。论文深入系统地研究共建"一带一路"倡议的共享效应，利用国际公共产品和国际合作平台这两个学术概念，说明共建"一带一路"倡议为相关国家提供贸易网络，促进经济增长。在剥离了直接效应后，详细分析了共建"一带一路"倡议的间接效应，在一定程度上揭示了共建"一带一路"倡议的共享效应及内在机制。

论文从公共产品属性的角度强调了共建"一带一路"倡议的共享效应，深化了对共建"一带一路"倡议研究的理论视角，论证了"一带一路"建设实际上是为相关国家提供一个发展平台、一种"基础设施"，使学术界对共建"一带一路"倡议的理解更加全面深入。另外，从发展经济学的学科视角看，论文的研究结论说明，相比于由发达国家主导的国际贸易分工体系，基于共享效应形成的经济合作网络有助于发展中国家（经济体）根据自身资源禀赋自主加入全球贸易体系，形成更健康持久的经济发展动能。

二、实践性

党的二十大报告指出，共建"一带一路"成为深受欢迎的国际公共产品和国际合作平台，我国成为一百四十多个国家和地区的主要贸易伙伴，货物贸易总额居世界第一，吸引外资和对外投资居世界前列，形成更大范围、更宽领域、更深层次对外开放格局。"一带一路"建设对当前贸易格局和世界经济均产生深远影响，对相关问题的深入研究具有重要实践意义。

在理论论述方面，论文在 Eaton 和 Kortum 的贸易理论模型的基本框架中加入异质性消费者假设，用于分析"一带一路"倡议中相关国家构建的贸易网络对出口的影响，并基于新的分析模型做出实证分析和机制研究。在构建理论模型的过程中，论文使用的前提假设基本符合实际情况，或相关假设经其他文献深入研究后表明对现实情况具有较高的符合度。例如，在"理论模型"章节，当分析"需求"时借鉴了 Hortacsu 等的研究，假设需求强度服从 Frechet 分布，[①]这与实际情况基本相符。另外，论文给出的研究假说内容清晰具有较好的可检验性，而且，文中已有的实证研究为进一步对相关理论框架的验证提供了参考。

论文根据理论研究结论，提出相应的政策建议，尤其强调了在"一带一路"建设中重视并提升共享效应，构建并完善贸易网络，以基础设施建设为重要抓手，继续坚持共商、共建、共享的合作原则，增强"一带一路"建设的公共产品属性，凸显其正外部性，促进更多经济体加入"一带一路"建设。这种政策思路与论文研究结论具有较强的逻辑关联，且对我国"一带一路"建设具有重要的实践启示。

三、规范性

该成果基于经典的贸易分析框架，通过引入异质性消费者这一前提假设逐步推导，构建了"一带一路"倡议对出口行为影响的理论模型。论文使用的前提假设和基本模型一般在其他文献中得到分析和检验，且推导过程符合数学规范，表达准确清晰，论证较严密。在研究设计方面，论文对分析框架中核心变量，即"一带一路"的"共享效应"的量化指标设定进行了细致的研究，并严谨系统地讨论了内生性问题。论文在不同层次，利用多个实证模型对核心变量的效应和显著性进行分析，并对相关机制进行量化研究。进一步地，论文基于"共享效应"的视角，从"一带一路"贸易结构变化、贸易网络的形成、贸易分工重塑三个方面对"一带一路"建设进行分析。研究设计的内容完备丰富，较好地检验了概念框架的理论解释能力。另外，论文的数据来源权威，计算过程说明清晰准确，文字表达流畅易懂，体现了良好的学术规范性。

四、创新性

该成果的创新性主要体现在三个方面：第一，将 Borusyak 等提出的偏离份

---

① Hortacsu A，Martinez-Jerez F A，Douglas J. The geography of trade in online transactions：Evidence from eBay and Mercado Libre［J］. American Economic Journal，2009，1（1）：53-74.

额方法的基本框架用于构建"共享效应"的量化指标，[①] 为研究共建"一带一路"倡议的影响提供了一种具有较强借鉴意义的新分析方法。第二，对共建"一带一路"倡议的研究提出了一个新的重要理论视角，即从"共享效应"的角度对"国际公共产品"和"国际合作平台"进行理论阐释，超越了仅从中国在"一带一路"建设中具有出口直接效应这种狭义的分析视角。第三，论文归纳了共建"一带一路"国家和地区在"供给"和"需求"两端的实际情况，构建实证的机制讨论基础，并分析了"一带一路"建设中贸易网络内部分工模式的演变，以及这种演变趋势对贸易格局的作用，丰富了发展经济学的理论内涵，这实际上可以看作将我国改革开放的成功经验体现于学术研究的研究新范式。

① Borusyak K，P Hull，X Jaravel．Quasi-experimental shift-share research designs［J］．The Review of Economic Studies，2022，89（1）：181-213．

成果编号：A04

题目：建构中国经济学自主知识体系的方法论和方法

作者及单位：逢锦聚，南开大学政治经济学研究中心

发表刊物：《经济研究》，2023 年第 8 期

内容简介：论文探讨了建构中国经济学自主知识体系的方法论和方法，强调了以中国化时代化的马克思主义为指导的重要性。论文指出，中国经济学作为中国特色哲学社会科学的重要组成部分，需要立足中国实际，揭示中国经济运动规律及人类经济社会发展的普遍规律。论文首先明确了方法和方法论的层次与区别，指出中国经济学作为马克思主义经济学，其根本方法论是辩证唯物主义和历史唯物主义。其次分析了马克思主义经济学与西方主流经济学在方法论上的根本区别，并指出中国经济学方法论的特色在于坚持以人民为中心，揭示了中国特色社会主义经济规律，同时包含了人类经济社会发展的一般规律。再次讨论了中国经济学研究中应运用的具体方法，如抽象法、历史与逻辑统一的方法，并强调了将马克思主义基本原理与中国具体实际相结合的重要性。最后提出了在全球化背景下，中国经济学应具备的世界视野，构建具有中国特色、符合中国国情的经济学自主知识体系，同时要学习借鉴其他有益的方法，为世界经济学的发展贡献力量。

关键词：中国经济学；自主知识体系；方法论；马克思主义

一、思想性

论文结合中国经济学发展实践，从理论上探讨了构建中国经济学自主知识体系的方法论和方法。首先，界定了方法论、方法、中国经济学的方法论等关键概念的内涵；其次，提出构建中国经济学自主知识体系要以辩证唯物主义和历史唯物主义为根本的方法论和方法；再次，分别论述了坚持马克思主义基本原理同中国具体实际相结合、坚持马克思主义基本原理同中华优秀传统文化相结合、坚持马克思主义基本原理同世界具体实际相结合，对于构建中国经济学自主知识体系的重要意义；最后，给出了处理好使用中国经济学根本方法论与学习借鉴其他方法之间关系的建议。论文对构建中国经济学自主知识体系的研究从方法论和方法的角度做出了深入系统的研究，为学术界厘清相关概念、梳理基本逻辑、运用科学方法提供了丰富的学术思想。

2016 年 5 月 17 日，习近平总书记在哲学社会科学工作座谈会上提出"加快构建中国特色哲学社会科学"。2022 年 4 月，习近平总书记在中国人民大学考察调研时指出"加快构建中国特色哲学社会科学，归根结底是建构中国自主的知识体系"。经济学是哲学社会科学研究的重要组成部分，构建中国经济学自主知识体系具有重要的理论和现实意义。论文聚焦于中国经济学自主知识体系构建的方法论和方法研究，相关理论分析对于构建中国自主知识体系，加快构建中国特色哲学社会科学具有重要理论价值。

论文在理论论述方面，基于扎实的理论功底，对历史唯物主义和辩证唯物主义等关键概念进行理论阐释，并逐一详细论述了马克思主义基本原理同中国具体实际、同中华优秀传统文化、同世界具体实际相结合（以下简称为"三个结合"）的内涵和逻辑，为学术界进一步理解构建中国经济学自主知识体系的方法论和方法提供了新的理论视角。并且，论文最后一部分提出正确处理中国经济学根本方法论与学习借鉴其他研究方法之间的关系，一方面要坚持中国化时代化的马克思主义这一根本方法论，另一方面要认识现代科学方法不断进步，建构中国经济学自主知识体系应充分重视学习借鉴其他现代科学的方法，两个方面共同发挥作用，推动中国经济学自主知识体系的建设。

二、实践性

构建中国经济学自主知识体系本质上是一项内容丰富的学术实践。论文提出

"建构中国经济学自主的知识体系的本质要求是，以中国化时代化马克思主义为指导，立足中国实际，揭示中国经济运动规律和其中包含的人类经济社会发展的一般规律，把经济学的话语权牢牢把握在自己手里"，这体现了构建中国经济学自主知识体系的实践性，因此对建构中国经济学自主知识体系的方法论和方法进行研究是基于学术实践的一个重要理论问题。

论文在论述过程中紧密联系实际，重要论断均有较强的实践基础。例如，论文在论述中国经济学的方法论时指出，在分析中国特色社会主义经济的制度基础、理论基础、文化基础时，在研究中国特色社会主义制度、中国共产党的领导、中国式现代化发展道路等问题时，必须明确坚持辩证唯物主义的根本方法论，因为这是中国经济建设实践一再证明的正确结论。

另外，论文在最后一部分指出，建构中国经济学自主知识体系必须坚持中国化时代化的马克思主义作为根本的方法论，这是因为通过实践证明，只有这种方法论才是建构中国经济学的根本之道。随后，论文以丰富的实践案例有力地支持了上述论断。论文的理论论述也与我国经济学学术实践紧密关联，增强了论述的实践性。

三、规范性

论文首先对方法、方法论、中国经济学的方法论等关键概念进行界定，在此基础上，论述辩证唯物主义和历史唯物主义作为构建中国经济学自主知识体系的根本方法论，其次论述了坚持"三个结合"的必要性，最后提出科学把握中国经济学根本方法论与学习借鉴其他方法的关系。理论论述过程从基本概念开始层层推进，论述结构具有良好的逻辑性和系统性。在具体的论证过程中，对关键概念的辨析引用大量马克思主义经典文献，使概念的理论内涵得到了充分准确的说明，并且围绕主要观点形成良好的论证层次性。例如，在论证马克思主义基本原理同中国具体实际相结合时，进一步提出三个需要并深入研究的问题（即马克思主义经济学的基本原理是什么、中国具体实际是什么、马克思主义政治经济学同中国具体实际如何结合），再对问题逐一论述。并且，论述过程涵盖内容较全面，对各主要观点的论述详尽严谨。

四、创新性

论文的理论性较强，创新点主要体现在对构建中国经济学自主知识体系研究的理论贡献。一是从方法论和方法的角度对构建中国经济学自主知识体系进行研究，使一个较为宏大的研究课题（即中国经济学自主知识体系建设）能够以一个具体的理论视角深入推进，体现研究视角的创新性。二是将马克思主义哲学中强调的方法论与中国经济学自主知识体系构建这一学术实践问题有机结合起来，从哲学的角度对如何构建中国经济学自主知识体系进行分析，这种研究思路体现了哲学对"具体学科"的指导意义，可以看作是一种研究范式的创新。三是由于论文理论论述与学术实践（即构建中国经济学自主知识体系）之间密切关联，论文的主要研究结论可以看作是相应的对策建议，具有较强的创新性。

成果编号：A05

题目： 宅基地改革：制度逻辑、价值发现与价值实现

作者及单位： 孙晓勇，国家法官学院

发表刊物：《管理世界》，2023 年第 1 期

内容简介： 宅基地改革是一项复杂且长期的任务。试点地区在开展宅基地"三权分置"改革时，应关注"价值发现"和"价值实现"两个维度。既要解决价值的"欠账"，提供对新增农村人口的居住保障，延续宅基地制度的福利功能；又要回应乡村的实际需要，探索过去并未发现或已发现但无法实现的价值。试点地区在"三权分置"探索中已经积累了一定的发现价值和实现价值的经验，建议继续充分给予地方灵活制定宅基地政策的空间，引导地方探索有效的价值实现路径；更加注重保护集体经济组织的成员权益，进一步合理把握宅基地改革与乡村治理现代化之间的衔接关系。

关键词： 宅基地改革；制度变迁；价值发现；价值实现；三权分置

一、思想性

论文主要研究了中国农村宅基地改革的制度逻辑、价值发现与价值实现。文章基于广泛的实地调研,分析了宅基地"三权分置"改革的实践情况,探讨了宅基地在不同区域背景下的价值形态,包括农业生产价值、居住福利价值、产业发展价值和指标置换价值。论文还讨论了宅基地价值实现的路径,包括多元主体参与、产权开放和资格权实现形式。

论文的选题聚焦于中国农村宅基地改革,这是中国当前土地制度领域中一个极具重要性和紧迫性的议题。宅基地改革不仅关系农民的居住权益,也关系农村土地的有效利用和乡村振兴战略的实施。论文的选题有助于加强学术界对宅基地改革复杂性的理解,特别是在"三权分置"改革背景下,如何平衡宅基地的福利保障功能和财产功能,对于推动相关学术研究和政策制定具有重要的启示。

论文构建了一个以"价值发现"和"价值实现"为核心的理论分析框架,强调了在宅基地改革中发现和实现价值的重要性。价值发现是指在宅基地改革过程中识别和确认宅基地所蕴含的多元价值的过程。宅基地的价值不仅局限于其作为住宅用地的直接功能,还包括其在农业生产、居住福利、产业发展和指标置换等多维价值。价值实现是指将发现的价值通过具体的制度安排和市场机制转化为经济、社会和文化效益的过程。这一过程需要在确保农民权益的基础上,通过多元主体参与、产权开放等路径来实现。论文通过构建"价值发现—价值实现"的分析框架,为理解和推进中国农村宅基地改革提供了新的视角和理论工具。这一理论框架为揭示宅基地改革的内在逻辑和实现宅基地的综合价值提供了理论启示。

论文认为宅基地改革应充分考虑地区间的资源禀赋差异,因地制宜采取差异化的改革策略。在实现宅基地价值的过程中,应兼顾多元主体的利益诉求。未来的宅基地改革应更加注重保护集体经济组织成员的权益,推动宅基地制度向更加公平合理的方向发展。论文的研究成果不仅丰富了宅基地改革的理论研究,也为政策制定者提供了宝贵的决策参考,有利于推动学术界进一步研究宅基地制度改革。

二、实践性

论文选题聚焦于中国农村宅基地改革,特别是"三权分置"改革的实践探索和价值实现,具有强烈的实践性和现实意义。随着中国城镇化的快速推进和农村人口结构的改变，宅基地改革不仅涉及农民的居住权利保障，还关系农村土地的高效利用和乡村振兴战略的实施。从中国农村实际出发，关注宅基地改革中的现实问题，如"空心村"现象、宅基地闲置浪费等，这些问题的探讨对指导实践具有重要价值。

论文在理论论述方面紧密结合了实践，构建了"价值发现—价值实现"的逻辑框架，为理解和推进宅基地改革提供了清晰的分析路径。该成果从农业生产价值、居住福利价值、产业发展价值、指标置换价值等多个角度探讨宅基地价值，体现了理论与实践相结合。论文通过大量的实地调研和政策分析，结合各地区的改革实践案例，如浙江、湖南、河北等试点地区，探讨了不同地区的资源禀赋、经济水平对宅基地改革的影响。

论文提出的政策建议具有实践性，如给予地方更多政策制定的灵活性、保护集体经济组织成员权益等，都是针对现实问题的解决方案，具有可操作性。论文对宅基地改革的探讨，不仅对学术界有启发，也对政策制定者和实践者有指导意义，有助于推动农村土地制度的改革和发展。

三、规范性

从规范性角度来看，论文在规范性方面表现出较高的科研水平，研究方法严谨，数据资料使用准确，符合科研诚信准则。首先，论文对宅基地改革的理论分析是基于现有的产权理论和农村土地制度变迁的文献积累，展示了研究的逻辑严密性。其次，笔者在数据和材料的使用上，引用了大量的政策文件、法律条文以及各地的改革试点案例，通过广泛调研，确保了数据资料的准确性和代表性。例如，论文通过调研包括安徽、湖南、北京等多个试点地区，以地理位置、经济发展水平等为参照，保证了研究样本的广泛性和数据的多样性。此外，论文强调了科研诚信原则，在引用文献时严格遵循学术规范，全面展示了研究背景和现有研究成果，确保了研究过程的透明性和结论的可信度。

四、创新性

论文的创新性主要体现在其理论视角的创新与实践方法的探索。首先，论文提出的"价值发现—价值实现"理论框架为宅基地改革提供了全新的分析思路，将宅基地的福利功能与财产功能结合起来，探索宅基地多元价值的实现路径，这一理论创新为学术界提供了新的讨论维度。其次，论文在改革实践中总结了许多创新性的方法，如浙江的"集地券"制度、重庆的"地票"制度、江苏的"房票"制度，这些政策工具的引入有效地提升了宅基地的市场价值，推动了农村土地的高效利用。同时，论文对不同地区的宅基地改革模式进行了详细的分类和评估，探索了适应各地经济、社会发展水平的差异化改革策略，为政策制定者提供了具有创新性的政策建议。此外，论文强调宅基地改革过程中要兼顾多元主体利益，特别是提出丰富宅基地交易方式和拓展宅基地使用权的创新路径，展现了对现实问题的深刻洞察和创新思考。

成果编号：A06

题目： 中华传统文化中的经济思想对当代经济学研究的启示

作者及单位： 金成武，中国社会科学院经济研究所

发表刊物： 《经济学动态》，2023 年第 12 期

内容简介： 中华优秀传统文化的资源，是中国特色哲学社会科学发展十分宝贵、不可多得的资源，是中国特色哲学社会科学成长发展的深厚基础。在社会经济活动中，中华传统文化包含着相当丰富的经济思想。这些思想不仅反映了古人对自己所处现实经济活动的考察与思考，也在一定程度上反映了古代经济活动的样貌。一些思想相比于人们熟知的西方同类思想，提出的时间甚至更早。许多思想由于普遍扎根于社会经济活动现实，并且提出者普遍是社会经济活动的参与者、管理者或观察者，从而具有很强的现实操作性，而不流于抽象的讨论。回顾和分析这些思想的具体内容与其产生的现实基础，对于当代经济学者而言，仍有很强的启发意义，从而完善自己的研究。这也是把马克思主义思想精髓同中华优秀传统文化精华贯通起来，推动马克思主义中国化时代化的应行之路。

关键词： 中国古代经济思想；中华传统文化；思想启示

一、思想性

论文主要通过类比论证，深入挖掘中华优秀传统文化资源中的经济思想，从中国古代语言文字的精简明确及其所表达道理的直观性出发，解读了中国古代传统文化中的重农思想对当前发展经济学的启示。结合农业生产的周期性，类比论证了中国古代经济周期思想。从《荀子》和《管子》中对义利观的探讨出发，论述中国古代思想中对于个人动机与行动的辩证关系，类比论证现代经济学消费理论中的欲望与需求研究。通过解读《管子·轻重》十六篇中的中国古代经济思想，以"轻重论"类比论证现代经济学领域的价值论。从《墨子》中对饥寒劳或食衣息三者并列的论述，辩证性论证了现代经济学中经济增长的最终目的，即服务于社会成员普遍而全面的发展。

论文结合现代经济学基本内容，系统梳理了中华优秀传统文化中的经济思想，类比论证现代经济学中的经济周期论、偏好需求论、价值论等思想，对中华优秀传统文化与现代经济学思想的融合具有重要的理论意义，对中国特色社会主义政治经济理论的构建具有一定的理论贡献。

论文在第七部分，基于《墨子》中的"民有三患：饥者不得食，寒者不得衣，劳者不得息，三者民之巨患也""必使饥者得食，寒者得衣，劳者得息"，深入思考了发展经济的最终目的，辩证地论述了经济发展实际中人的自主性被剥夺的机制，有利于启发经济政策制定者在现代经济实践中考虑人的自主性，使经济发展成果服务于人的全面发展。

论文总结了中国古代经济思想的五个鲜明特点。一是中国古代的经济思想普遍具有很强的现实性。二是各种思想的提出者并不是专职的"经济学家"。三是思想提出者基本参与了对当时社会的直接管理，这使其经济思想极具政策意义。四是各种思想重点强调经济活动规律、经济活动的预期目标。五是基于伦理框架提出各种经济思想。这些特点总结对读者理解中国古代经济思想有很大帮助。

二、实践性

党的二十大报告指出："必须坚定历史自信、文化自信，坚持古为今用、推陈出新，把马克思主义思想精髓同中华优秀传统文化精华贯通起来、同人民群众日用而不觉的共同价值观念融通起来。"2023年6月2日，习近平总书记在文化传承发展座谈会上强调："在五千多年中华文明深厚基础上开辟和发展中国特色社会主义，把马克思主义基本原理同中国具体实际、同中华优秀传统文化相结合是必由之路。这是我们在探索中国特色社会主义道路中得出的规律性认识。"中国的经济发展是极具特色的社会主义市场经济，以融合本土经济思想的现代经济理论指导中国特色社会主义市场经济建设是时代发展要求。该成果系统梳理、深入分析中国古代经济思想，使其与现代经济思想相结合，对推动中国特色社会主义政治经济学的发展也具有重要的现实意义。

三、规范性

论文在梳理中华优秀传统文化中的经济思想上条理清晰，目标明确。类比论证过程逻辑清晰，层次分明，严谨完备，体现了良好的学术规范性。

论文在第四部分到第六部分，分别论证了中国古代经济思想中农业生产的经济周期性、义利观即欲望与动机中的经济性、"轻重论"中价值与使用价值的辩证关系，类比论证过程中，该成果以大量中国古代历史文献资料中的论述作为论据，论述规范、逻辑严密，辩证地分析出中国古代经济思想中对于现代经济学的发展具有借鉴意义的内容，整体论证过程逻辑严密且系统规范。

四、创新性

该成果具有很好的理论贡献。论文通过对大量古典著作的分析，总结出了古代经济思想语言的精练性及文字内涵的丰富性，概括了古代经济思想的五个特点，极具鲜明特色。类比论证了古代经济思想与现代经济学中相似的价值观、欲望与需求、经济周期性等，对于现代经济学吸收中华优秀传统文化中的经济思想，推动中国特色社会主义政治经济学发展具有很强的理论创新性。该成果以古代经典著作作为论据，具有很强的论据支撑性，古代经典著作是基于古代社会发展实际而概括的思想，具有一定的历史周期性。论文将文化研究与经济学建设相关联，有明显的学科交叉性，其研究内容具有一定创新性。

成果编号：A07

题目：中国制造企业绿色转型的自愿性环境规制路径

——以 ISO14001 环境管理体系认证的作用与局限性为例

作者及单位：吴龙，江西财经大学产业经济研究院；于千惠，大连理工大学经济管理学院；平靓，浙大城市学院法学院

发表刊物：《财贸经济》，2023 年第 4 期

内容简介：当前经济与环境矛盾日益突出，兼顾环境绩效与经济绩效的绿色转型对中国制造至关重要。本文从自愿性环境规制的绿色声誉和组织学习双重效应入手，构建理论模型考察其对中国制造企业绿色转型的影响机理，并基于中国工业企业数据库与从国家认监委网站获得的企业 ISO14001 环境管理体系认证数据，运用双重差分方法进行实证检验。研究发现，参与自愿性环境规制在显著降低企业污染排放强度的同时，能有效提升企业的全要素生产率。机制分析表明，以 ISO14001 认证为代表的自愿性环境规制通过绿色声誉的需求引导和组织学习的效率提升共同促进了中国制造企业绿色转型。本文的拓展讨论部分显示，自愿性环境规制的绿色转型效应在需要大量技术投入才能减排的重污染行业较弱，存在一定的局限性。此外，企业的"漂绿"行为和所面临的融资约束都会抑制自愿性环境规制的绿色转型效应。为充分发挥自愿性环境规制对制造企业的绿色转型作用，除应降低参与成本、提高企业参与自愿性环境规制的积极性外，政府还应从强化监管和发展绿色金融等方面来克服自愿性环境规制当前的局限性。

关键词：自愿性环境规制；制造企业；绿色转型

一、思想性

环境规制是平衡环境和经济问题常用的手段或工具。论文根据以 ISO14001 环境管理体系认证为基础，选择"绿色声誉"和"组织学习"为自愿性环境规制因素，假定由于自愿性环境规制因素的约束，企业会内驱地通过优化生产流程、引进绿色减排技术或设备来增加其污染排放强度，以提高企业的绿色生产能力。在此基础上，将考虑自愿性环境规制的企业污染排放强度定义为实验组，不考虑的定义为对照组，以企业全要素生产率为企业绿色转型测量指标，构建双重差分理论模型，验证论文假定。研究结论指出"绿色声誉"和"组织学习"两类自愿性环境规制因素均对中国制造业绿色转型有促进作用，但企业的"漂绿"行为和金融约束会减弱这两类自愿性环境规制因素对企业绿色转型的促进作用。因此，论文提出需要降低企业参与成本、提高企业参与自愿性环境规制的积极性，并通过强化监管和绿色金融发展来弥补自愿性环境规制的局限性。

在理论创新方面，论文一方面假设自愿性环境规制会带来绿色声誉效应，另一方面假定自愿性环境规制能内在地驱动制造企业优化、发展技术，将 Copeland 和 Taylor、Forslid 等构建的企业污染排放模型做了一定扩展。[1][2] 论文在原理论模型基础上的扩展对于更进一步的研究具有一定的理论贡献。论文基于对环境绩效和经济绩效在中国制造业中如何实现双赢的思考提出研究问题，提出研究假设并进行实证检验，研究框架和验证过程极具思想性，为中国制造企业的绿色转型发展贡献了具有一定参考价值的策略性意见。

二、实践性

在经济与环境的矛盾越来越突出的背景下，中国政府出台了许多规制政策来平衡经济和环境之间的矛盾，仅 2021 年在全国两会上提出的有关生态环境的提案就达到 1024 件。中国始终坚信可实现环境绩效和经济绩效的双赢，无论是国家引领性和战略顶层设计，还是细化到各区域层面、企业层面乃至个人层面的绿色发展政策，均可体现中国在致力于实现环境和经济双赢方面所做出的努力。中

① Copeland B R, Taylor M S. Trade and the Environment：Theory and Evidence［M］. Princeton：Princeton University Press，2003：147–153.

② Forslid R, Okubo T, Ulltveit-Moe K. Why are firms that export cleaner？International trade，abatement and environmental emissions［J］. Journal of Environmental Economics and Management，2018（91）：166–183.

国制造业的传统发展方式粗放，在当前发展背景下，其绿色转型势在必行。论文研究的环境规制下中国制造企业绿色转型的路径，对中国现阶段绿色发展和环境保护具有重要的实践意义。

论文基于中国制造业企业当前发展实际，在严密的研究设计下，提出待检验的研究假说，构建理论模型，以世界范围内认定的 ISO14001 环境管理体系认证数据为基础数据库，实证检验了研究假说，经验证得出的研究结论具有一定的权威性和可复现性，且论文提出的政策思路与论文研究结论具有较强的逻辑关联，使得论文兼具学理性和较强的实践性，可以指导实践发展。

三、规范性

论文基于双重差分模型，以全要素生产率代表企业绿色转型发展程度，引入考虑自愿性环境规制因素的污染排放程度，深入分析自愿性环境规制对中国制造业企业绿色转型的影响机理，所使用数据具有权威性且数据处理规范，论文的研究设计表达清晰准确、论证过程严密规范，符合学术研究的规范性。论文合理地说明了"绿色声誉"和"组织学习"两类因素对自愿性环境规制的代表性、全要素生产率指标对企业绿色转型程度的代表性，提供了进行实证检验的基础条件和逻辑规范，较好地为论文的研究设计限定了研究范围。

四、创新性

论文的创新性主要体现在两个方面：第一，论文以 ISO14001 环境管理体系来推导论证自愿性环境规制指标，不仅使论文研究具有较强的客观性，也对自愿性环境规制研究具有一定的借鉴意义。第二，论文运用双重差分模型，通过将较为主观的自愿性环境规制因素以客观的"绿色声誉"和"组织学习"两类因素为代表，根据中国制造企业的实际发展数据来检验自愿性环境规制对中国制造企业绿色转型的影响机理，使验证过程在一定的准自然实验环境中进行，增强了可操作性。

成果编号：A08

题目：基于碳排放影响因素的城市群碳达峰研究

作者及单位：高国力，中国城市和小城镇改革发展中心；文扬、王丽，中国宏观经济研究院国土开发与地区经济研究所；徐睿宁，首都经济贸易大学城市经济与公共管理学院

发表刊物：《经济管理》，2023年第2期

内容简介：城市群是我国经济、人口高度集聚的地区，也是碳排放较为集中的空间单元，更是率先实现碳达峰的"排头兵""领头雁"。论文运用STIRPAT模型分析了城市群碳排放的影响因素，预测了各城市群在不同情境下的碳排放量和碳达峰时间，构建了压力、潜力和动力指数，对城市群碳达峰压力、碳减排潜力和碳减排达峰动力进行测算。研究发现，人口规模、富裕程度、城镇化水平和技术水平对城市群碳排放量产生显著影响。对城市群碳达峰的预测结果表明，哈长、长三角、京津冀和珠三角城市群在四种情境下均能于2030年前实现碳达峰；长江中游、成渝、中原、北部湾、关中平原和兰州—西宁城市群在低增长慢降耗情境和低增长快降耗情境下能够在2025~2028年实现碳达峰，而在高增长慢降耗情境和高增长快降耗情境下无法在2030年前实现碳达峰；呼包鄂榆城市群在四种情境下都无法在2030年前实现碳达峰。进一步研究指出，应根据碳达峰压力、碳减排潜力和碳减排达峰动力对城市群进行分类，并针对不同类型城市群提出差异化的碳达峰实现路径。论文认为，各城市群要通过制定差异化碳达峰目标，推动差异化碳达峰路径模式，明确差异化减碳降碳重点领域，加大低碳脱碳技术研发应用，推动多样化低碳战略性平台建设，完善推进碳达峰监督考评机制，从而率先实现碳达峰。

关键词：城市群；STIRPAT；碳达峰；影响因素

一、思想性

论文的核心内容是基于影响城市群碳排放的主要因素来研究该城市群的碳达峰情况，首先依据 STIRPAT 模型找出影响城市群碳排放的因素，其次综合影响碳排放的因素，根据世界资源研究所对碳达峰是否实现的判断依据，[①] 将碳排放和碳减排分为高增长快降耗、低增长快降耗、高增长慢降耗和低增长慢降耗四种不同的情境，从时间、规模、速度三个维度，构建城市群碳达峰压力指数，用以分析和对比各城市群的碳减排任务量，从效率与公平视角构建城市群碳减排潜力指数，用以分析和对比各城市群碳减排能力大小。在前期分析的基础上，论文基于城市群碳达峰压力指数、碳减排潜力指数，构建城市群碳减排达峰动力指数，从碳减排任务量和碳减排能力两个方面综合分析和对比各城市群达到碳达峰的现实条件。研究得出，各城市群应依据碳达峰压力、碳减排潜力和碳减排达峰动力，结合碳减排的影响因素进行差异化的碳达峰实现路径。

应对全球变暖，保护环境以实现可持续发展是各国共同的责任。二氧化碳是全球变暖的主要元凶，因此，控制碳排放是减缓或改善全球变暖的有利途径。中国政府提出"双碳"目标，即 2030 年实现碳达峰和 2060 年实现碳中和，这两个目标意味着中国碳减排要从排放总量上进行控制。碳达峰目标在实施中需要细化到区域层面上，但中国各城市群发展水平不同，碳排放量和碳减排技术也会有很大差异。出于对该问题的思考，论文基于碳减排的主要影响因素来研究城市群碳达峰情况，分析各城市群的碳排放压力和潜力，研究结果给出的差异化碳达峰路径符合实际且有利于各城市群依据实际制定各自的碳减排碳达峰路径。

二、实践性

论文通过前期对碳排放影响因素的相关文献的深入分析基础上，综合考虑指标数据的可得性，基于实践发展数据并利用 STIRPAT 模型，定量分析了人口规模、富裕程度、城镇化率、技术水平、就业规模、财政支出等因素影响城市群碳排放的机制，论证过程规范严密且分析结果与实际较为符合，具有较强的可验证性。

2020 年 9 月 22 日，习近平主席在第七十五届联合国大会上提出了中国的碳

---

① 资料来源：https://ghgprotocol.org/mitigation-goal-standard，访问时间 2024 年 9 月 25 日。

减排目标，即力争在 2030 年前实现碳达峰、2060 年前实现碳中和。2021 年，我国先后印发了《关于完整准确全面贯彻新发展理念做好碳达峰碳中和工作的意见》《2030 年前碳达峰行动方案》这两个碳达峰、碳中和的战略性、引领性文件。2022 年，中华人民共和国科技部等九部门联合印发《科技支撑碳达峰碳中和实施方案（2022—2030 年）》（以下简称《方案》）。该《方案》基于碳减排的主要影响因素来研究城市群碳达峰情况，并依据研究结果给出各城市群需制定差异化的碳达峰路径建议，这对于中国发掘绿色增长动能，实现可持续发展并承担世界环境责任有重要的实践意义。

三、规范性

论文整体的研究设计及实证检验过程具有较强的规范性。在整体设计上，研究问题源于对现实问题的提炼，有重要的研究价值，研究框架具有一定的独创性，研究设想表达清晰。分析碳减排影响因素时逻辑严密，验证过程规范。为确保检验过程的规范，论文数据来源具有权威性，并对数据进行了规范化处理、平稳性检验和多重共线性检验，避免了测量误差导致的结果不准确。论文对测量城市群碳达峰的研究设计严密且规范，各指标间具有很强的关联性，整体的文章结构和论证过程很清晰，便于读者深入理解。

四、创新性

论文在研究视角和研究设计上都极具创新性。论文考虑了各城市群的发展程度不同，因此其碳排放强度和碳减排能力也不同，相应地，各城市群实现碳达峰的程度也不同。因此，论文以此为视角设计研究框架，在统一的框架中分析和对比各城市群在碳排放强度和碳减排能力不同的情况下，如何通过差异化路径实现碳达峰。

论文的研究设计分为两步：第一步是分析碳排放的影响因素。碳达峰归根结底是要控制碳排放总量，不同因素对碳排放强度造成的影响不同，因此，分析城市群碳排放影响因素是该成果进行下一步分析的基础。第二步是在第一步的基础上，分析和对比各城市群的碳排放强度和碳减排能力，进而分析出各城市群在实现碳达峰路径上的差异。论文的研究设计是环环相扣、具有创新性的，有很好的借鉴意义。

成果编号：A09

题目：促进还是抑制：政府研发补助对企业绿色创新绩效的影响

作者及单位：王永贵，浙江工商大学工商管理学院教授；李霞（通讯作者），首都经济贸易大学工商管理学院

发表刊物：《中国工业经济》，2023 年第 2 期

内容简介：论文以制度理论和委托代理理论为基础，基于 2010~2017 年中国 A 股重污染行业上市公司数据，探究了政府研发补助对策略性绿色创新绩效和实质性绿色创新绩效的影响，分析了环境规制和管理者环境关注度的调节作用。研究结果表明，政府研发补助对策略性绿色创新绩效有正向影响，但政府研发补助和实质性绿色创新绩效之间呈现倒"U"形关系。进一步研究发现，环境规制和管理者环境关注度均对政府研发补助与策略性绿色创新绩效之间的关系有负向调节作用，而对政府研发补助和实质性绿色创新绩效之间的关系有正向调节作用。论文通过探究政府研发补助对两种不同类型绿色创新绩效的影响，解释了现有研究中关于政府研发补助和企业绿色创新绩效之间关系的认识不一致现象，同时通过对企业内外部治理因素的调节效应的探究，丰富了有关政府研发补助实施效果的情境因素的研究。论文的研究发现为政府制定相关环境政策以及推动企业绿色创新提供理论基础和实践启示。

关键词：政府研发补助；策略性绿色创新；实质性绿色创新；环境规制；环境关注度

一、思想性

该论文将企业绿色创新绩效分为两种，分别是策略性绿色创新绩效和实质性绿色创新绩效。收集 2010~2017 年中国重污染行业中的 A 股上市公司的相关数据构建基础数据库，以制度理论和委托代理理论为理论框架，将环境规制、管理者环境关注度作为调节指标，基于此构建实证研究模型，探究政府研发补助对企业策略性创新绩效、实质性创新绩效的影响。研究指出，政府研发补助正向影响策略性绿色创新绩效，环境规制、管理者环境关注均负向调节政府研发补助对策略性绿色创新绩效的促进作用。政府研发补助、实质性绿色创新绩效之间呈现倒"U"形关系，即先正向影响后反向影响。环境规制、管理者环境关注正向调节政府研发补助对实质性绿色创新绩效的促进作用。

中国在"双碳"目标下制定的绿色发展政策为企业绿色转型提供方向和要求，企业需吸收、内化这些政策，调整发展模式，将政策目标转化为企业发展红利。因此，深入探索政府政策影响企业绿色创新的机理，不仅有利于现阶段中国实施绿色发展政策，也有利于企业的绿色转型发展，实现经济增长和环境增益的双赢。

论文根据研究设计提出研究假说，使用面板数据并以固定效应的负二项回归分析为研究方法展开实证检验，验证了研究假说，分析了政府研发补助影响两种类型企业绿色创新绩效的规律，以及环境规制和管理者的环境关注度对二者的调节作用。论文提出政府部门要辩证性运用研发补助这一政策工具，企业更应致力于实质性绿色创新的合理建议，研究结果对政府政策实施及企业转型发展具有很好的参考意义。

二、实践性

论文根据中国国民经济行业分类标准，以 18 种重污染行业中的 A 股上市企业为研究单元，在符合研究设计的前提条件下，选取统计口径一致的指标，不仅易于获取数据，也保证了数据的规范性。论文基于一定的研究范围展开，问题明确，因素关系清晰，依据研究设计提出的研究假说内容符合实际，固定效应的负二项回归分析与研究框架的适配性较好。论文的研究设计严密、数据规范、检验模型与研究设计框架较为匹配，使验证过程具有较强的可操作性和可复现性。

学术成果的贡献性不仅体现在知识贡献上，也体现在其研究结果对社会发展实际做出的实践贡献上。我国明确提出"碳达峰"（2030年）以及"碳中和"（2060年）的"双碳"目标，《中华人民共和国国民经济和社会发展第十四个五年规划和2035年远景目标纲要》也提出了创新环境政策，更好地服务于新时期国民经济绿色发展的新目标。论文聚焦于现阶段中国双碳目标下环境政策的实施及企业的绿色转型发展问题，其研究问题本身就具备一定的战略高度，且论文的研究结果在一定程度上也对我国政府制定绿色发展政策、企业规划绿色转型发展路径均具有重要的实践意义。

三、规范性

论文整体的研究设计及实证检验过程具有较强的规范性。在整体设计上，研究问题具有一定的重要性，研究框架具有一定的独创性，研究方法与研究问题匹配性较好，研究设想表达清晰。实证检验过程中，检验指标统计口径一致，兼顾时间跨度和空间范围的面板数据来源具有权威性且数据处理方式规范，为确保检验过程的规范，论文还进行了行业分样本回归的稳健性检验和内生性问题处理。由此可见，论文研究设计和实证检验过程的规范性均方便该成果的阅读者对文章进行清晰和深入的理解。

四、创新性

论文的创新性体现可概括为研究视角的创新性和理论应用情境的创新性。研究视角的创新性主要指论文将企业绿色创新绩效分为策略性、实质性绿色创新绩效这两种类型。理论应用情境的创新性指论文以制度理论为指导选择环境规制指标，又在委托代理理论的指导下，构建管理者的环境关注度指标，分别探究并验证了这两个指标在政府研发补助影响企业策略性、实质性绿色创新绩效中的调节作用，不仅使论文具备理论性，而且丰富了制度理论和委托代理理论的应用情境。

成果编号：A10

题目：外需冲击、经济再平衡与全国统一大市场构建——基于动态量化空间均衡的研究

作者及单位：陈斌开、赵扶扬，中央财经大学经济学院

发表刊物：《经济研究》，2023 年第 6 期

内容简介：建设全国统一大市场是构建新发展格局、推动经济高质量发展的基础支撑和内在要求。论文研究外需冲击和国内市场分割对中国经济增长和经济结构的影响，进而探讨建设全国统一大市场对中国经济高质量发展的潜在作用。基于动态量化空间一般均衡模型，论文在统一的理论框架下刻画了外需冲击、市场分割、经济增长和经济结构的关系，解释了金融危机前后中国经济增长率先升后降，以及产业结构、收入分配结构、消费储蓄结构"从失衡走向平衡"等重大宏观经济现象。研究发现，国内市场分割放大了外需萎缩对经济增长和经济结构的负面影响，全国统一大市场可以让经济增长率下降幅度减少 2/3。论文进一步测算了产品市场和劳动力市场分割程度下降对经济增长和社会福利等方面的潜在影响，发现产品市场一体化对经济增长的推动作用更为明显，劳动力市场一体化则更有利于提升社会福利，二者均能促进经济高质量再平衡。论文的政策含义在于，构建全国统一大市场对促进经济增长和经济再平衡有巨大潜力，需要以改革释放制度红利，使各地区从"分割"走向"分工"，促进经济实现高质量发展。

关键词：全国统一大市场；外需萎缩；经济再平衡；动态量化空间均衡

一、思想性

论文围绕外需冲击与经济再平衡之间的复杂关系，运用动态量化空间均衡模型，探讨了外部需求变化对中国经济结构调整的影响，并提出了应对外部不确定性的政策建议。论文通过分析外需萎缩如何冲击中国经济，研究如何通过内需扩展来实现经济再平衡，填补了这一领域的理论空白。首先，从选题来看，论文紧密围绕中国当前经济发展的核心挑战，外部需求波动与内需扩展是当前中国经济结构转型的关键问题。论文选题高度契合全球经济不确定性加剧的背景，尤其在全球化进程放缓及外部市场需求下滑的情况下，探讨如何通过内需提升来实现经济再平衡，具有重要的理论和实践意义。其次，在理论分析方面，论文通过引入动态量化空间均衡模型，构建了外需冲击与经济结构调整之间的理论联系。论文扩展了传统的经济再平衡理论，特别是在空间维度上，探讨了外需变化对不同区域经济的分布性影响。这种从整体经济到区域经济的分层次分析，为研究中国经济再平衡提供了新的理论框架。最后，论文在政策建议上提出了一系列针对性的措施，强调了通过扩大内需、优化产业结构来应对外部经济冲击的具体路径。这些建议不仅契合中国当前的经济发展战略，也为决策者应对外部经济变化提供了实际的指导。

二、实践性

论文在实践性上具有较强的应用价值，体现在多个层面，包括选题的现实针对性、研究方法的应用导向以及政策建议的可操作性。

首先，论文的选题实践价值突出。外需萎缩与经济再平衡问题是中国在经济转型过程中面临的重大挑战。论文聚焦于外需波动对宏观经济和区域经济的影响，讨论如何通过内需扩展和产业升级来抵御外部经济波动。这种讨论不仅与中国当前的经济政策高度契合，而且能够为其他发展中国家面临类似挑战提供借鉴，具有较强的实践指导意义。

其次，论文的研究框架与分析方法具有显著的实践导向。论文采用了动态量化空间均衡模型，该模型能够细致地模拟外部需求变化对不同产业和区域经济的影响。通过这一模型，论文展示了如何利用数据和理论工具，分析不同情景下外需冲击对经济变量的影响。这种模型不仅为理解外部冲击下的经济调整提供了新的思路，还为制定宏观经济政策提供了科学的依据。论文通过实证数据的分析与模型验证，增强了其方法的现实应用性。

最后，论文的政策建议具有较高的操作性。论文提出的政策建议涵盖了多个层面，包括如何通过完善内需市场、推动区域经济协调发展以及优化产业结构来实现经济再平衡。这些建议具有较强的可操作性，特别是在如何利用政府政策促进区域经济协同发展方面，提供了具体的实施路径。论文的政策建议不仅理论扎实，而且针对性强，为应对当前的经济不确定性提供了实际的解决方案。

三、规范性

论文在研究设计、数据运用与模型构建等方面表现出较高的规范性，符合学术研究标准。论文采用了严谨的动态量化空间均衡模型，并通过实证数据进行校准和验证。模型的设定不仅符合经济学理论的基本要求，还通过引入多个外部变量，确保了模型输出结果与现实数据的匹配度。论文在对外需冲击的分析中，引用了大量权威数据，增强了研究的可信度。此外，论文在文献引用和理论框架搭建方面，也展现了较高的学术规范性。论文引用了大量国内外关于经济再平衡与外需冲击的文献，并对已有研究成果进行了合理总结与扩展。文献引用格式规范，研究思路层次分明，符合学术论文的结构要求。

四、创新性

该成果的创新性主要体现在理论视角的拓展和方法论的突破。首先，论文结合外需冲击的实际背景，提出了外部需求波动与经济结构调整之间的动态互动关系，并构建了动态量化空间均衡模型。这一理论框架创新性地将外部冲击与内部经济再平衡联系起来，为理解中国经济结构调整中的复杂性提供了新的解释路径。其次，论文在研究方法上也有所突破。通过引入基于大规模空间数据的动态量化模型，能够有效捕捉不同区域、产业在外需冲击下的经济表现差异。这一分析方法打破了传统经济模型只能解释总量变化的局限，创新性地展现了空间维度上经济变化的多样性。最后，论文还提出了多层次的政策建议，特别是如何通过内需扩展、产业升级来应对外部经济波动。这些政策建议不仅具有理论深度，也为实际经济政策制定提供了有力支持。

成果编号：A11

题目：数字财富的创造、分配与共同富裕

作者及单位：周文，复旦大学马克思主义研究院；韩文龙，西南财经大学经济学院

发表刊物：《中国社会科学》，2023年第10期

内容简介：作为社会财富的新形态，数字财富正在成为推进共同富裕的重要力量。数字经济时代，数字劳动和数据要素是创造数字财富的重要源泉。数字商品财富的创造，既体现在数字商品价值形成和价值增值过程中，也反映在数据生产资料扩大再生产过程中；数字非商品财富的创造则需要依靠政府、企业、社会和平台等多元供给体系协同实现。社会主义市场经济中的数字财富分配，必须坚持按劳分配为主体、多种分配方式并存的基本分配制度，充分体现数据要素的价值贡献，也要重视和解决好数字财富分配可能引致的极化效应。立足新发展阶段，我国要在不断做强做优做大数字经济的基础上，稳步推进数字财富创造与积累，科学规范数字财富分配，以此扎实推进全体人民共同富裕。

关键词：数字经济；数字财富；共同富裕；马克思主义财富论；数据要素

一、思想性

论文围绕数字经济时代背景下的财富生成与分配机制展开讨论，分析了数字财富在推动共同富裕目标中的作用。此外，还借鉴了马克思主义的财富理论，详细探讨了在数字经济中财富表现出的多样化特征，尤其是在生产过程中数据要素所扮演的关键角色。基于此，论文提出通过加强对数据资产的产权保护，优化财富分配体系，推动数字经济发展与社会公平协同进步的政策建议。

论文紧扣数字化转型的实际需求，研究如何通过数字财富推动共同富裕的实现。数字经济已成为中国经济结构调整的重要动力，从这一背景出发，论文深入剖析如何优化数字财富的分配机制，实现缩小社会收入差距和提升社会福利的目标。选题契合国家发展战略的要求，具备较高的理论探索价值和现实指导意义。

论文运用马克思主义财富理论，构建了一个多层次的分析框架，扩展了传统社会财富理论，探讨了数字商品与非商品财富的生成过程，尤其突出数据要素在数字经济中的关键性作用。笔者通过分析数字资源的利用方式，揭示了数字经济条件下的多维分配机制，提出了市场、政府与社会多元协作的分配模式。论文进一步探讨了如何将数字财富的分配机制与共同富裕目标相结合，深化了对财富生成和分配的理论理解。论文还提出，在数字经济时代，财富不仅依赖市场，还需要合理的分配体系和完善的数据资产产权保护机制，尤其在数据要素的界定与使用效率方面，提出了新的见解。

论文强调，完善数据资产的产权制度、改进财富分配机制是推动社会公平的重要手段，并指出政府在数字经济基础设施建设中的关键作用。这些政策建议紧密结合了当前的经济政策需求，不仅具有理论深度，还为实际的政策设计提供了明确的方向，展现了论文在推动数字经济与共同富裕相结合方面的现实指导意义。

二、实践性

论文在实践性方面具有较强的现实意义，体现在选题、研究方法和政策建议等多个方面，紧密结合了数字经济时代的实际需求。

首先，聚焦于数字财富的生成和分配，特别是在如何通过数字财富推动共同富裕这一核心问题上，具有较高的现实针对性。在数字经济成为全球经济发展的重要驱动力背景下，研究数字财富的生成与分配方式对当今社会经济发展具有重要的指导意义。尤其是提出的数字财富如何在不同行业和社会群体中进行合理分配的探讨，契合了当前中国实现共同富裕目标的战略需求，凸显了选题的实际应用价值。

其次，在研究方法上具有实践导向，通过理论分析结合政策背景，提出了数字财富生成与分配的机制分析框架。结合了数据要素产权的确权与分配模式的优化，分析了数据要素在现代经济中的作用及其如何通过市场和政策工具实现财富的合理分配。这种方法不仅为数字经济中的财富生成和分配提供了理论支持，还为政策设计提供了依据，具有较强的实用性。

最后，提出的政策建议紧密结合中国的经济发展实际，具有较强的操作性。针对如何完善数据产权制度、优化数据资源的分配机制、提高数据要素的社会效益等问题，提出了具体的解决方案。这些建议为政府在数字经济时代引导和规范数字财富的分配提供了切实可行的路径，特别是在促进收入公平、缩小数字鸿沟和提升数据资源利用效率方面，具有实际的政策参考价值。

三、规范性

论文在研究设计、数据使用和理论阐述等方面展现了较高的规范性，符合学术标准。首先，采用了系统化的理论分析框架，将马克思主义经典财富理论与数字经济的时代特点相结合，对数字财富的生成及分配机制进行了深入探讨。还对核心概念进行了明确界定，特别是在讨论数据资源和数字财富的多维生成过程中，使用了严谨的学术术语和定义，保证了研究的精确性和逻辑一致性。其次，在文献引用上丰富且规范，涵盖了大量国内外的相关研究成果，不仅囊括了马克思主义的经典理论，也参考了最新的数字经济领域的学术研究。规范的引用与论述提升了论文的学术可信度和研究深度。同时，从理论背景到具体分析，再到政策建议，层层递进，逻辑结构严密。每一部分都围绕着核心主题展开讨论，且各部分衔接自然，保证了论文的连贯性和可读性。论文的章节设置清晰，条理分明，符合学术论文的写作规范。

四、创新性

论文在理论与实践层面展示了显著的创新性，尤其是在数字经济时代下数字财富的生成与分配方面进行了一系列原创性分析。首先，在理论视角上具有创新性。通过将马克思主义财富理论与数字经济相结合，深入探讨了数字财富作为一种新型社会财富的特征。通过扩展马克思主义的经典财富理论，揭示了数字商品与非商品的多样化生成过程，尤其是在数字经济中数据作为生产要素的关键作用。这种分析不仅突破了传统财富研究的局限，还为数字经济条件下的社会财富理论提供了新的思路。其次，提出了多主体协同分配的创新模式，强调了市场、政府和社会在推动数字财富分配中的多元合作。这一模式通过多方共同参与，构建了更具包容性的财富分配机制，在数字经济中促进共同富裕的实现。这一分配机制的提出，不仅在理论层面创新性地构建了数字财富与共同富裕之间的联系，也为政府在数字经济时代如何引导财富分配提供了实际的政策建议。此外，论文在政策建议方面的创新，包括加强对数据要素产权的保护，优化数字财富的分配体系。这一创新使论文不仅在学术理论上具有重要贡献，还为数字经济时代的财富分配提供了可行的操作路径，推动了理论与实践的紧密结合。

成果编号：A12

题目：面向经济高质量发展的中国全要素生产率演变：要素投入集约还是产出结构优化

作者及单位：李冬、杨万平，西安交通大学经济与金融学院

发表刊物：《数量经济技术经济研究》，2023 年第 8 期

内容简介：从要素投入和产出结构的互动视角来剖析全要素生产率演变，有利于促进要素投入集约和产出结构优化的有机协同，加快释放全要素生产率的"结构红利"和"技术动力"，促进经济高质量发展。为此，论文考虑经济增长、结构优化、社会公平和环境协调等多重诉求，尝试构建面向经济高质量发展的全要素生产率研究框架，提出两期修正混合距离 Luenberger 生产率指数，从要素投入集约和产出结构优化的双重效应分解视角来揭示中国全要素生产率演变来源和协同差异。研究发现，中国全要素生产率增长通过技术进步单轮驱动，其中产出优化效应贡献较大，以"发展平衡—产出增长—污染治理"的贡献依次递减，而投入集约效应以"环境建设—能源—劳动—数据—资本"的贡献依次递减。2013 年和 2016 年是南北全要素生产率差距由扩大到小幅缩小的重要节点，北方投入集约效应较大，南方则以产出优化效应为主，且其数据要素贡献更大。中国全要素生产率协同差异不断缩小，来自投入集约效应的差异贡献较大，且环境建设和数据的差异贡献不断上升。南北方协同差异相近，但北方主要来自能源集约效应和污染治理效应的差异贡献，而南方以环境建设、劳动和数据要素等投入集约效应和发展平衡效应的差异贡献为主。

关键词：全要素生产率；投入集约效应；产出优化效应；结构红利；协同差异

一、思想性

论文通过改进的 Luenberger 生产率指数模型进行分析，不仅评估了我国全要素生产率的总体趋势，还深入分析了南北方的生产率差异及其背后的经济机制，为推动区域协调发展和经济高质量转型提供了实证依据。

论文聚焦于中国全要素生产率的演变与高质量发展，重点探讨了要素投入集约和产出结构优化对推动经济转型的作用。在国家加速结构性改革和技术进步的背景下，论文选题具有高度的现实紧迫性和政策指导意义。论文从"双重维度"分析全要素生产率的驱动因素，回应了当前中国经济转型中的关键挑战。

论文通过改进传统的生产率测算方法，提出了更具针对性的 Luenberger 模型工具，进一步引入了生态环境与社会发展的因素和数据要素，能够准确捕捉技术进步、资源利用效率提升与结构优化之间的复杂关系，更好地反映当前经济高质量发展的多维需求。这一理论框架为研究全要素生产率提供了全新思路，拓宽了对经济增长动力的理解。

论文提出了多项关于如何提升全要素生产率的政策建议，从理论上证实了"高质量发展"不仅依赖于要素投入的集约化，还需要通过优化产业结构、技术进步等手段来提升整体经济效率。此外，论文提出的南北区域差异化发展策略为未来的政策制定提供了理论依据，为国家在实现区域协调发展与提升整体经济效益方面提供了学术支持。

二、实践性

论文的实践性表现在其紧扣中国经济高质量发展的现实背景，针对全要素生产率这一关键经济指标展开深入研究，具有高度的现实指导意义。

首先，论文的选题结合了中国经济发展过程中全要素生产率变化的实际需求，通过对要素投入集约化和产出结构优化的双重路径分析，揭示了技术进步与经济结构调整在推动经济增长中的重要作用。论文不仅聚焦经济总量的增长，还重点探讨了在不同区域、不同产业结构下推动全要素生产率的具体路径，为当前中国区域经济差异化发展的实践问题提供了系统化的研究框架。

其次，论文的理论框架具备实践性。论文对传统生产率测算方法进行改进，构建了多维度的要素投入与产出结构，形成了一个可以用于分析不同区域经济现实的工具。论文为如何有效推动区域协调发展、优化资源配置、提升经济效率等现实问题，提供了系统化的理论指导，使理论框架不仅具有学术价值，还可以直接应用于经济决策的实践中。

再次，论文的数据来源广泛，覆盖了不同区域和产业的实际发展情况，能够真实反映中国经济发展的多元化格局。通过实证分析，论文进一步深化了对南北区域经济差异的认识。这种对具体数据的处理和分析，为政府在制定区域发展政策时提供实践参考，尤其是在如何缩小区域经济差距、优化资源配置方面具有较强的应用价值。

最后，论文提出的政策建议具有较高的操作性。研究结果指出，应根据不同区域的特点实施差异化政策，重点加强对南北区域经济发展的引导，通过技术进步和产业结构优化来提升整体经济质量。这一实践导向的建议为区域协调发展和全要素生产率提升提供了可行的政策路径，具有较强的应用价值，为不同地区的经济发展策略选择提供了切实可行的方案。

三、规范性

论文在规范性方面展现了较高的科研水准，研究方法严谨，数据资料使用规范，符合科研诚信要求。首先，使用了多个权威数据来源，包括多部国家和省份统计年鉴，确保了数据的准确性和可靠性。论文对数据进行了严格的筛选与清理，采用了合理的方法处理缺失值，避免了潜在的偏差，确保了数据处理的科学性与严谨性。其次，在方法选择和应用上充分体现了学术规范性，采用了改进后的模型进行分解分析，并对模型的设定进行了详细论证，确保各项参数合理有效。模型能够准确反映不同区域的经济发展水平，并结合实际情况纳入了社会、环境等多维变量，符合分析的学术标准。此外，论文结构清晰、逻辑严密，体现了完整且连贯的研究思路，在文献引用方面严格遵守学术规范，写作符合学术规范要求。

四、创新性

论文的创新性主要体现在理论视角的突破和实践方法的探索。首先，从要素投入集约化和产出结构优化两个维度，深入剖析全要素生产率的演变路径，为经济增长研究的方向提供了新思考。这一视角不仅关注经济增长的数量扩展，而且深入挖掘了经济质量提升的内在动力，提供了全新的全要素生产率分析框架。其次，对现有生产率测算方法进行了创新性改进，提升了全要素生产率变化来源的分解精度，增强了测算结果的科学性和可靠性。此外，论文通过对南北区域经济发展的深入对比，揭示了不同区域在提升全要素生产率中的路径差异。针对南方地区更多依赖产出结构优化，而北方地区主要通过要素投入集约化来推动生产率增长的现象，论文提出了针对不同区域特点的差异化政策建议，进一步丰富了区域经济学的研究视角，并为实现区域协调发展提供了理论依据。

成果编号：A13

题目：全要素生产率再审视——基于政治经济学视角

作者及单位：范欣、刘伟，中国人民大学经济学院

发表刊物：《中国社会科学》，2023年第6期

内容简介：全要素生产率虽然是西方主流经济学的常见概念，但从思想缘起看，马克思关于提高劳动生产率的认识中蕴含着全要素生产率思想。作为社会化生产条件下劳动生产率的重要内容，全要素生产率进一步体现在两种含义的"社会必要劳动时间"范畴上。从马克思主义政治经济学视角重新审视全要素生产率，并将其纳入中国特色社会主义政治经济学理论体系中，是中国特色社会主义政治经济学"不忘本来、吸收外来、面向未来"的生动写照。实践层面，经济长期高速发展带来生产方式变迁，基于新古典增长理论的传统增长核算不再适用于中国全要素生产率的实践检验，有必要从马克思的生产劳动理论出发，明确生产劳动所涉部门，由此测算得出的全要素生产率及其变动情况更具针对性。立足新时代新征程，作为实现我国经济高质量发展的关键抓手，着力提高全要素生产率需平衡好长期与短期、供给与需求、总量与结构等多个方面，在供需协调发展中推动经济发展质量变革、效率变革和动力变革。

关键词：全要素生产率；技术进步；技术效率；高质量发展

一、思想性

论文主要对马克思主义政治经济学视角下的全要素生产率进行了全面翔实的理论梳理，探究了如何将全要素生产率纳入中国特色社会主义政治经济学理论体系，并基于我国 1987~2019 年行业层面数据，利用 DEA-Malmquist 指数模型测算了我国全要素生产率实际发展情况，借鉴中国实践经验检验了全要素生产率，最后针对如何在新征程中提高全要素生产率提出了对应的举措。论文对学术界探究适用于中国特色社会主义的全要素生产率有重要的思想性。

论文的选题聚焦于探究符合中国国情的全要素生产率，这是中国当前经济高质量发展领域中一个极具重要性和创新性的议题。全要素生产率不仅关系到剖析中国经济发展中存在的现实问题，也进一步丰富了中国特色社会主义政治经济学理论体系。论文的选题有助于加强学术界对中国特色社会主义政治经济学理论体系"不忘本来、吸收外来、面向未来"的深刻认识，这对于推动相关学术研究和政策制定具有重要的启示。

论文充分考虑了将传统经济学理论应用于中国特色社会主义。我国经济经过长期飞速发展，生产方式发生了明显变化，继续使用传统增长核算方式不能充分地体现我国全要素生产率发展情况。基于此，该成果从马克思的生产劳动理论出发，重新划分劳动种类与所涉部门，以求符合我国实际生产活动，并在此基础上重新测算我国全要素生产率。这一理论框架为从实践层面完善中国特色社会主义政治经济学提供了宝贵的理论价值和指导意义。

二、实践性

论文选题聚焦于马克思主义政治经济学视角下的全要素生产率的探索，特别是如何在中国特色社会主义政治经济学体系下纳入全要素生产率，具有很大的实践性与现实意义。随着中国经济持续高速增长、生产效率提高的同时，生产方式也得到重塑，这使传统增长核算方法越来越不具有适用性。笔者从中国国情出发，探究适合中国特色社会主义的全要素生产率计算方式，对于探究中国经济高质量发展的短板所在具有重要的实践意义。

论文在理论论述方面紧密结合了我国各行业全要素生产率实际发展情况，为理解中国特色社会理论体系提供了清晰的分析路径。例如，笔者基于我国 1987~2019 年全国多个行业的面板数据，利用 DEA-Malmquist 方法重新测算了我国的全要素生产率并进行深入分析，充分体现了在新的测算方式下我国全要素生产率的实际水平。论文提出的在中国发展新征程上着力提高全要素生产率的建议具有实践性，如提出了"提高供给质量→满足现有需求、挖掘潜在需求……"的高水平供需协调机制，有针对性地提高全要素生产率，这不仅对学术界有所启发，也对政策制定者和实践者有指导意义，有助于推动我国全要素生产率的发展。

三、规范性

论文符合规范性要求，研究方法严谨，理论文献翔实全面、使用准确，符合科研诚信原则。首先，对全要素生产率的理论分析是基于从古典经济学到马克思主义政治经济学现有的全要素生产率理论研究，通过引用大量的经典研究文献，对全要素生产率进行了全面扎实的内容梳理，展示了学理分析的逻辑严密性。其次，在数据和材料的使用上，引用了大量的统计资料与政策文件，且使用的数据比较权威，确保了数据资料的准确性与代表性，较准确地反映了我国多个行业全要素生产率历年的实际发展情况。此外，论文遵守科研诚信准则，在引用文献时严格遵循学术规范，全面展示了现有研究成果，确保了研究过程的透明性和结论的可信度。

四、创新性

论文的创新性主要体现在其理论视角的创新。首先，从马克思主义政治经济学视角，对全要素生产率的理论基础进行了学理分析后，依据中国国情提出新的全要素生产率研究框架，为全要素生产率的后续研究提供了新的理论研究思路。其次，从马克思的生产劳动理论出发，重新划分劳动的种类与所涉及的部门，以求真实反映我国实际生产活动，这为全要素生产率的研究提供了更加新颖的视角。此外，论文探讨了走中国特色社会主义道路应如何提高全要素生产率，体现了理论研究的实践可行性。

成果编号：A14

题目：ETF、股票流动性与股价崩盘风险

作者及单位：朱菲菲、吴偎立（通讯作者），中央财经大学金融学院；杨云红，北京大学光华管理学院

发表刊物：《金融研究》，2023 年第 6 期

内容简介：在我国坚持创新驱动发展、强调不发生系统性金融风险的大背景下，论文从公司治理角度出发，实证检验了 ETF 这一创新型金融工具与股价崩盘风险之间的关系。论文发现，ETF 在提高上市公司股票流动性的同时，会吸引更多的短期投资者，加剧管理层隐藏负面消息的动机，从而增加股价崩盘风险。然而，A 股定价机制不完善以及分析师乐观偏差等外部因素并非 ETF 增加股价崩盘风险的主要原因。进一步分析表明，代理冲突越严重、公司治理水平越差以及信息不对称程度越高的企业中，ETF 对股价崩盘风险的影响更加明显。论文的研究对辩证认识金融创新、金融风险与金融监管之间的关系，提升上市公司治理水平，防范系统性金融风险都具有一定启示。

关键词：交易型开放式指数基金；股票流动性；股价崩盘风险；公司治理

一、思想性

论文通过理论分析结合实证检验的方法，从微观层面分析了 ETF 持股流动性增强与上市公司股价崩盘之间的关系。研究结论指出，ETF 导致的持股流动性增强会影响公司管理层的行为，加剧管理层隐藏负面消息的动机，从而对上市公司股价崩盘产生负面影响。进一步研究发现，其中的主要原因并非 A 股定价机制不完善等外部因素，企业若存在代理冲突严重、治理水平差等问题，其股价崩盘受 ETF 的影响会高于不存在上述问题的企业。论文的选题角度为学术界检验金融创新的影响提供了新的视角，具有较高的学术思想价值。

ETF 作为近几十年来最受欢迎的金融创新之一，在发挥重要价值的同时，给金融市场带来了一定的负面影响，尤其是欧美国家。但由于我国 A 股市场的结构设置与制度规定显著不同于欧美市场，ETF 这类金融创新对我国金融市场产生的负面效果还需要做针对性的检验。论文从我国微观层面入手，基于我国 A 股实际情况下，分析 ETF 持股比例与上市公司股价崩盘之间的关系，为我国金融市场监管体系建设提供了有效的实证研究经验，并对该方向后续的学术研究提供了重要的理论基础，为更全面深刻认识金融创新与金融市场的关系提供了重要的思想价值。

在理论分析部分，论文从积极与消极两方面分析了 EFT 持股比例增加对公司股价崩盘的影响机制，持股流动性增强导致股东在知晓公司负面消息后及时减持及退出，能够对公司管理层起到监督效果，但同时，也会强化公司管理层隐瞒公司负面消息的动机。论文从公司管理层行为角度切入，构建金融创新影响金融市场的理论框架，为深入理解 ETF 如何从公司角度对股价崩盘产生影响提供了新的认识，有助于学术界进一步研究 ETF 的作用机制。

二、实践性

党的二十大报告对深化金融体制改革提出了明确要求，要加强与完善金融活动监管体系，守住不发生系统性风险的底线。近年来，我国金融领域创新不断，随之而来的点状风险时有发生。在推动经济高质量发展的大背景下，通过探究 ETF 持股比例与股价崩盘之间的关系，对我国防范化解金融风险具有重要的实践意义。

论文在进行理论论述时，紧密贴近现实，将我国投资市场的现实发展与理论分析相结合。例如，在提出 ETF 导致的股票流动性影响股价崩盘的假设时，先从实际出发，指出我国股指期货市场存在大量的套利机会，投资者可以通过利用

ETF 与指数组合实现期货与现货市场之间的套利，来影响标的股票的流动性。论文基于现实情况提出的研究假设，为后续做进一步的实证检验提供了基础。论文根据实证检验结果，提出了相应的政策建议，尤其强调了两个方面：第一，金融创新与金融风险之间的关系要辩证看待，为降低金融创新带来的未知风险，应注重对金融创新开展慎重严谨的监督管理。因此我国金融市场应加强监管制度建设，健全风险全覆盖监管框架。第二，从企业层面分析，完善的企业管理条例是防范自身股价崩盘、保证公司长期健康发展的重要保障，因此公司应努力提升自身的治理水平。论文提出的政策建议与主要研究内容有较强的逻辑关联，且对我国金融市场监管体系建设具有重要的实践启示。

三、规范性

论文基于规范的实证研究框架，按照理论分析—研究假设—研究设计—实证检验等步骤，全面、谨慎、详细地探究了 ETF 持股比例、股票流动性与公司股价崩盘之间的关系。所使用的前提假设、理论基础、回归模型在其他文献中得到分析与检验，理论逻辑准确清晰，模型变量设定与符号使用符合数学规范，论证较严密。在研究设计方面，对核心解释变量与被解释变量进行了详细的设定，并做了严谨的内生性与稳健性检验。对于机制变量的选取，笔者充分参考了前人的研究基础，保证变量选取具有充足的依据。此外，使用的数据来源可靠且较权威，所使用的股票数据涉及沪深两市所有 A 股上市公司，数据来源于 Wind 数据库，且计算过程表述清晰，体现了良好的学术性规范。

四、创新性

论文的创新性主要体现在三个方面：第一，选题角度新颖，从上市公司管理层行为动机角度，探究了 ETF 持股流动性增加与公司股价崩盘之间的关系，为金融创新与股价崩盘之间的关系研究提供了一种新的研究视角。第二，研究设计新颖，在工具变量设置方面，采用沪深 300 与中证 500 指数的调整构建了新的工具变量，丰富了金融市场实证研究的工具库。第三，探究了 ETF 增加股价崩盘风险的潜在机制，加深了对微观层面金融创新与公司治理之间关系的深度理解，为后续的研究提供了新的机制分析框架。总体来说，论文从独特的视角切入，采用新的理论机制解释了 ETF、公司治理、股价崩盘之间的关系，为金融领域的后续研究提供了一种新思路。

成果编号：A15

题目： 国际贸易隐含碳研究进展

作者及单位： 邢源源，辽宁大学中国商务发展研究院（北京）；王雅婷（通讯作者）、王雪源，辽宁大学金融与贸易学院

发表刊物：《经济学动态》，2023 年第 5 期

内容简介： 国际贸易隐含碳作为温室气体减排关键议题，对于全球气候治理具有重要意义。贸易隐含碳与碳泄漏和碳漏洞相关，碳泄漏是导致贸易隐含碳的原因之一，现行碳排放核算体系中由于忽视贸易隐含碳而导致了碳漏洞问题。多区域投入产出模型和产品生命周期法等可用于测算贸易隐含碳排放规模及碳足迹，结构分解法和指数分解法等可用于锚定贸易隐含碳排放的影响因素。近年来，关于发达国家和发展中国家贸易隐含碳的实证研究趋于丰富。消费者与生产者之间如何分担温室气体减排责任一直是国际气候政策谈判中高度敏感的问题。一些学者质疑，如碳关税等碳边境调整机制减少碳泄漏的有效性和实用性，另有学者运用多区域投入产出表中相关数据进行实证分析，并提出解决贸易隐含碳问题的新方案。论文梳理贸易隐含碳的起源演变、测算方法和影响因素的相关研究进展，以期为深入分析并解决贸易隐含碳排放问题提供理论支持。

关键词： 国际贸易隐含碳；温室气体排放；气候政策；责任分担；多区域投入产出

一、思想性

论文主要对贸易隐含碳的理论研究与实证研究进行了全面的梳理。论文以已有研究为基础，阐述了贸易隐含碳的相关概念及理论假说，归纳总结了如何测度贸易隐含碳、贸易隐含碳的排放规模、贸易隐含碳的流动足迹及影响因素等，梳理了不同地区、不同国家关于贸易隐含碳的研究进展，并深入分析了碳减排的责任划分。论文的选题角度对后续开展国际贸易隐含碳的研究具有重要的学术思想价值。

论文的选题聚焦于国际贸易过程当中隐藏的碳排放问题，这是国际社会碳减排领域中一个极具重要性和紧迫性的议题。贸易隐含碳问题不仅关系整体的环境保护，也关系世界各国对碳排放责任的划分与碳减排承诺的落实。论文的选题有助于加强学术界对贸易隐含碳问题的重视和理解，特别是在数智时代世界产业链变迁，各国贸易重心迁移的情况下，如何准确测度贸易隐含碳的流向及流量，对于推动相关学术研究与政策制定具有重要启示。

论文以综述贸易隐含碳的理论与实证研究为核心，强调了在碳排放过程中发现并准确计算碳排放的重要性。认为，贸易隐含碳的研究应充分考虑区域与国别间的贸易规模差异，在未来的研究中，应更多地将发展中国家、区域一体化组织作为新的研究对象与研究主体，探究不同行业与未来新兴行业中隐含的贸易碳排放问题。同时，论文提出应结合云计算、大数据技术等人工智能研究方法，获取更加完备与详细的实地数据，提高研究的精确性。论文的研究成果不仅丰富了贸易隐含碳的综述研究，有利于推动学术界拓宽研究方向，也为政策制定者提供了宝贵的决策参考。

二、实践性

各国排放二氧化碳等温室气体的排放量受到联合国发布的《联合国气候变化框架公约》的约束，但由于地区环境差异以及各国制定的碳排放政策不同，导致部分国家在核算碳排放总量与落实气候承诺时存在计算漏洞，其中，进口贸易中的隐含碳往往被忽视。针对这一现实问题，论文全面梳理了贸易隐含碳的理论假说和实证研究，并与分担碳减排责任的落实紧密联系，具有显著的实践性。

论文在进行理论论述时，紧密贴近现实，从世界各国碳减排的实际情况阐述客观发展规律。例如，论文在阐述贸易隐含碳的相关理论假说时，通过结合国际贸易中二氧化碳的环境成本、航运碳排放法规提案的福利后果等实际研究，反映了理论假说的持续演变。论文的理论研究逻辑清晰明了，为后续的进一步研究提供了扎实的理论基础。

论文关于国际贸易隐含碳的综述研究具有较强的针对性，其主要研究内容有助于准确测算贸易隐含碳的国别分布，明确各个国家所承担的碳减排责任。此外，论文关于贸易隐含碳未来研究方向的探索同样具有较强的可实施性。

三、规范性

论文的行文结构符合综述类论文惯例，首先阐述论文内容的核心概念与相关理论假说，随后从纵向与横向两个方面总结梳理已有研究。纵向方面遵循碳排放、碳足迹及影响因素测度、碳减排责任分担的逻辑链条进行梳理；横向方面按照区域、国别进行分类。论文的论述过程逻辑清晰、层次分明、严谨完备，体现了良好的学术规范性。另外，论文引用文献资料作为论据时，所引用的内容与上下文之间具有较强的逻辑关联性，能够充分证实所要表达的理论观点，且使用的二手资料出处较合理。例如，在说明碳漏洞问题时，引用美国气候工程基金会发布的咨询报告《欧洲碳漏洞》数据，较准确地反映了欧盟成员国碳排放当中存在的碳漏洞问题。

四、创新性

论文的创新主要体现在研究选题与理论论述方面。具体而言，国际贸易隐含碳问题切实影响到世界各国核算碳排放与落实气候承诺，但目前相关的综述研究较少。论文关注到国际贸易隐含碳问题解决的迫切性，对贸易隐含碳的起源演变、测算方法和影响因素的相关研究进行了全面的梳理，为后续的深入分析提供了理论支撑。这种结合实际问题的研究选题与理论分析，凸显了理论创新性，扩展了国际贸易隐含碳的研究视角。最后，论文探索了国际贸易隐含碳问题的未来研究方向，提出了将发展中国家、区域经济一体化组织作为该领域新的研究对象和研究主体，以及在数字技术、人工智能快速发展的今天，全球价值链发生显著变化，贸易隐含碳的足迹与流动方向值得开展深入的研究。这同样体现了论文研究内容的新颖性。

成果编号：A16

题目：不确定性、信息生产与数字经济发展

作者及单位：杨虎涛、胡乐明（通讯作者），中国社会科学院大学经济学院

发表刊物：《中国工业经济》，2023年第4期

内容简介：信息的功能在于克服不确定性，数字经济的发展体现了通过信息克服不确定性以优化经济效率的技术—经济进路。工业革命以来，工业生产依次经历了机械化、机电化、电子化和光电化四个阶段，对信息的使用也从封装简单指令性信息、集成化、模块化发展到当前以数字化、智能化、全时空、多主体为特征的"数据+连接"信息生产体系。在这一过程中，企业内分工不确定性的消减与社会分工不确定性增加的矛盾，构成企业不断扩展信息生产体系边界的动力，对信息的使用也逐步从对单个机器设备、机器体系的指令封装，发展为涵盖生产过程和交易过程的多主体"数据+连接"的体系。以大数据、云计算和5G等新一代数字技术为代表的数字经济的本质，是通过"数据+连接"方式建立一个将数据从资源转换为信息的信息生产体系，在更大的时空范围和更广泛的经济主体间消减经济活动的不确定性。

关键词：数字经济；信息生产体系；数据连接；不确定性

一、思想性

论文从信息改善经营活动不确定性的视角，梳理了信息生产体系的特征及其历代演变，从技术目的角度分析数字技术与数字经济发展的底层逻辑。论文的选题视角新颖，从理论分析方面对我国构建现代化信息生产体系做出了系统性的深入研究，为学术界厘清相关概念、构建逻辑框架、开拓研究视角提供了丰富的学术思想价值。

论文的理论论述具有较强的思想性。首先，通过阐述不确定性这一核心概念，点明在生产活动中获取更多信息降低不确定性的重要性。其次，基于马克思两类分工理论探讨了分工与不确定性之间的经济逻辑，详细分析并点明了数字技术与数字经济的本质。在此基础上，表明并论述论文的基本观点，信息在不断变迁的工业生产体系中始终发挥降低不确定性的功能，但其作用形式与形态随技术发展发生了重大变化，在当代则表现为数字化、智能化的信息生产体系。论文的理论分析逻辑性强，为学术界深入理解数字技术、数字经济发展对经济活动的影响提供了启发。

论文的研究认为，建设我国现代化信息生产体系，要充分优化数据和连接两个领域，不仅要注重数据规模，还要注重数据质量。另外，数字化解决方案可以降低试错类研究的成本，因此要注重发挥其在科研活动中独特的优势，使数字技术成为创新的手段。论文的研究成果不仅丰富了数字经济、数字技术的理论研究，也为政策制定者提供了宝贵的决策参考，有利于推动我国信息化体系的建设。

二、实践性

当今世界已进入数字化和智能化时代，人工智能等数字技术的广泛应用在不断改变生产组织方式的同时，对理论研究与政策制定造成了一定的冲击。要正确把握数字经济的发展，不光要把握其发展趋势及影响因素，更要从技术范式角度出发，探究数字经济发展的底层逻辑。基于此，论文研究了数字经济、数字技术发展通过克服信息不确定性以促进经济发展的技术—经济进路，总结出将数据从资源转化成信息的"数据＋连接"信息生产体系。这一选题对构建中国现代信息化体系具有重要的参考价值与实践意义。

论文在论述过程中紧密联系实际，重要论断均有较强的实践基础。例如，论文在阐述信息体系的演进时，以珍妮机、自动化机床、计算机等不同时代的工具为例，体现不同时代的工业生产过程中信息体系的发展。论文的主要理论观点表述清晰，理论阐述与现实发展相结合，为后续学者开展实证检验提供了扎实的理论基础。

另外，论文在最后一部分结合理论分析内容提出了相应的政策建议。第一，数据与连接两方面的优化都要重视，双结合才能更好地发挥新一代信息生产体系的作用，但是目前对于连接领域的重视程度不足，因此要加大连接领域的投资力度。第二，要重视信息生产体系在现代经济体系中的作用，发挥其在创新过程中的功能。第三，要全力打造具有国际竞争力的企业主体与产业集群。论文提出的以上政策建议与我国实际发展情况紧密结合，符合我国国情需要，具有较强的实践性。

三、规范性

论文从技术范式的角度出发，分析经济—制度—技术之间的协同演化关系，探究数字经济发展的底层逻辑。论文首先阐述了研究的核心概念，充分解释了经济学中不确定性的内涵与概念，在此基础上表明了企业决策需要更多的信息以提高预测准确性。其次进一步说明了企业建立信息生产体系的目的在于降低决策时所面临的不确定性风险。理论论述过程从核心概念开始层层推进，论述结构具有良好的逻辑性与系统性。在具体的论证过程中，论文引用了相关研究的经典文献，使概念的理论内涵得到了充分说明，并且围绕主要观点形成良好的论证层次性。最后论述过程涵盖内容较全面，对各主要观点的论述详尽严谨，文献引用符合要求，体现了学术的规范性。

四、创新性

论文的理论性较强，创新点主要体现在三个方面：一是选题角度，论文从核心概念方面详细阐述了经济学中的不确定性，在此基础上分析了数字经济发展对降低信息不确定性的作用，选题角度新颖，体现了企业建设现代化信息生产体系的重要性和必要性，为后续相关学术研究开拓了新的研究视角。二是从马克思两类分工理论阐述分工与不确定性之间的经济逻辑，进而点明数字技术及数字经济发展在其中发挥的作用，从哲学高度对发展数字技术与数字经济的重要性进行说明，这种研究思路是一种研究范式的创新。三是由于论文理论论述与现实发展联系密切，论文的主要研究结论可以看作是相应的对策建议，这些政策建议也具有较强的创新性。

成果编号：A17

题目： 人口老龄化、企业债务融资与金融资源错配——基于地级市人口普查数据的实证研究

作者及单位： 陈熠辉，湖南大学金融与统计学院；蔡庆丰，厦门大学经济学院；王斯琪，中国建设银行

发表刊物：《金融研究》，2023 年第 2 期

内容简介： 论文从企业债务融资视角，探究地区人口老龄化对微观企业融资决策的影响。研究发现，地区人口老龄化程度的加深会显著降低企业的债务融资水平，这一结论在采用计划生育强度作为工具变量检验之后依然存在。机制分析表明，地区人口老龄化主要通过加剧融资约束和增加经营风险两个渠道降低企业债务融资水平。异质性分析表明，人口老龄化对企业债务融资的影响在非国有企业、中小型企业、传统行业、资本和劳动密集型行业的样本中更为明显。进一步地，人口老龄化在引致金融资源供给冲击的同时，会加剧金融资源错配，体现在地区人口老龄化显著提升了企业的融资不足水平，并且对企业债务融资的负面影响在生产率较高的企业中更为明显。论文的研究有助于从微观企业债务融资决策的视角理解人口老龄化的经济效应，并为国家实施积极的人口老龄化战略提供有益参考。

关键词： 人口老龄化；企业债务融资；金融资源错配；工具变量法

一、思想性

论文对 2007~2019 年 A 股上市企业年度数据和地市级人口老龄化数据展开实证分析，探讨人口老龄化对企业债务融资产生了何种作用，并深刻探究其作用机制，同时进一步深究这一影响产生的资源配置效应情况。论文为全方位深刻理解人口老龄化的经济效应提供了深度的理论参考。

现如今，我国应对人口老龄化问题已成为维护我国人口安全、促进社会高质量发展的必然选择。人口老龄化问题能否得到有效解决，关乎国家发展的整体和人民生活的幸福安康。并且现阶段关于人口老龄化对经济社会的影响研究多从宏观层面出发，对微观主体的影响研究较少。因此，论文围绕人口老龄化如何影响企业债务融资展开剖析，并深刻考察其如何影响金融资源配置效率，具有重要的理论价值。

论文从资金供给效应和劳动力供给效应两方面进行理论分析，提出竞争性假说：地区老龄化程度与企业债务融资水平的相关性可能为正，也可能为负。从正、负两方面综合考量人口老龄化怎样影响企业债务融资，并结合生命周期、永久收入假说等理论分析其多种影响机制和渠道，理论分析全面且深入。

论文经深入研究得出以下结论：首先，地区人口老龄化会对企业债务融资带来负面的影响，其影响渠道为加大融资约束和增加经营风险。其次，人口老龄化对企业债务融资影响会因为企业性质和行业的不同而存在差异。最后，人口老龄化会加剧金融资源错配，提升融资短缺水平。同时，这种对债务融资的消极影响在全要素生产率较高企业中更为突出。论文的结论为接下来进一步研究人口老龄化如何作用于微观经济主体提供了实证参考，具有一定的借鉴意义。

论文提出的建议：一是从金融层面实施老龄化应对政策；二是企业通过技术创新等方式应对劳动力成本上升，相关部门出台鼓励劳动供给、降低劳动成本的政策；三是要根据企业、行业以及地区的现实情形拟定政策。论文的建议给解决人口老龄化导致的企业融资困难和金融资源错配问题提供了更精准的思路。

二、实践性

论文的选题针对我国当前人口老龄化这一具体现实问题，结合企业债务融资和金融资源配置展开研究，论文选题针对性较强。

论文从资金、劳动力供给两个视角出发，阐释地区人口老龄化对企业债务融资的作用影响，符合现实逻辑；从正、负两方面考虑人口老龄化对企业债务融资可能产生的影响，分析全面；实证分析客观全面，如在主实证回归时利用企业资产负债率、杠杆率和有息负债率数据，多角度衡量企业债务融资情况，更具客观性。

论文采用地级市人口普查数据以及上市公司数据进行实证分析，通过一系列严谨的模型构建、变量选取和数据分析，使研究结论具有可验证性。研究结果也更加符合现实，如异质性分析发现，人口老龄化对不同性质和行业的企业债务融资存在差异化的影响。

论文围绕研究结论提出了具有针对性和实践性的政策建议，具有较强的现实指导意义。例如，论文强调，在制定政策时要充分考虑企业、行业和地区的实际情况，符合其自身特点，对受人口老龄化影响较大的企业予以政策倾斜。这有助于提高政策的针对性和有效性，有利于不同企业有针对性地应对老龄化问题，降低老龄化的负面影响。

三、规范性

论文选题明确，紧密围绕现实问题展开；理论分析部分，论文基于权衡理论和优序融资理论，从资金供给效应和劳动力供给效应两个方面来分析人口老龄化与企业债务融资水平之间的关系，并提出竞争性假说，逻辑严谨、论述严密。论文选取 2007~2019 年中国 A 股上市企业年度数据和地级市人口老龄化数据进行分析，与上市企业有关的数据来自 CSMAR、Wind 数据库，地级市数据来自《中国城市统计年鉴》以及国家人口普查数据库，数据资料丰富且来源可靠，为实证研究提供了坚实的数据基础。

论文在验证老龄化对企业融资的负面影响后，从融资约束和经营风险两个角度出发深入分析其影响机制，根据企业性质和行业性质进行异质性分析，同时接续探究人口老龄化对金融资源配置效率起到了怎样的作用。论文研究框架清晰明了，研究设计环环相扣，研究深度层层递进。论文在进行主实证回归后，运用更换测度指标、更换插值方法、滞后解释变量回归等多种方法进行稳健性检验，并系统地讨论了内生性问题，确保了研究结果的可靠性。

四、创新性

第一，研究视角创新。现阶段，国内的研究多从宏观上分析人口老龄化带来的后果，微观上分析其对企业影响的研究相对较少。同时，现有文献涉及企业债务融资影响因素研究的，多数都忽视了社会因素。因此，论文从地级市层面分析人口老龄化如何影响微观企业债务融资，对老龄化和企业债务融资领域文献提供了有益的补充。

第二，工具变量有所创新。论文将中国不同地区历史计划生育执行强度数据作为工具变量，巧妙处理分析中存在的内生性问题。

第三，结论有所创新。论文结论揭示了人口老龄化影响企业债务融资的异质性，其影响在非国有企业、中小型企业、传统行业、资本和劳动密集型行业更为显著，并发现人口老龄化会加剧金融资源错配，这些结论为政策的制定提供了新的理论依据。

成果编号：A18

题目：营商环境优化、人力资本效应与企业劳动生产率

作者及单位：牛志伟，浙江工商大学经济学院；许晨曦、武瑛，首都经济贸易大学会计学院

发表刊物：《管理世界》，2023年第2期

内容简介：基于制度变迁的视角，论文以2015~2018年中国沪深A股上市公司数据，实证检验营商环境优化对企业劳动生产率的影响及其机制。研究发现，营商环境优化对企业劳动生产率具有正向影响；机制检验表明，营商环境优化通过改善宏观层面市场公平竞争环境、法治环境及商业信用环境，促进微观层面人力资本升级、员工权益保护和提升员工信任度，从而提高企业劳动生产率；拓展性检验发现，营商环境优化对企业劳动生产率的正向作用在非国有企业和劳动密集型企业中更为显著。论文研究重点关注了宏观制度软环境优化产生的正向人力资本效应，进而改善微观企业生产经营。论文不仅丰富了相关研究文献，拓展了宏微观整合的研究视角，也对提升企业生产经营效率、实现经济高质量发展具有启示意义。

关键词：营商环境优化；劳动生产率；人力资本效应

一、思想性

论文从制度变迁角度出发，基于中国 2015~2018 年沪深 A 股上市公司相关数据，对营商环境优化怎样影响企业劳动生产率展开实证检验，并结合宏观和微观两个层面对其影响机制进行研究。论文对营商环境优化如何提升企业劳动生产率有了更加深入的解释。

党的二十大明确指出，全面建设社会主义现代化国家的首要任务是实现高质量发展。因此，探寻经济高质量发展的动力源泉至关重要。而劳动生产率的不断提升正是推进经济可持续增长的重要力量。论文针对营商环境优化如何提升企业劳动生产率展开研究，具有一定的思想价值。

论文结合宏观和微观两个层面进行理论分析，其理论框架构建具有较强的思想性。宏观层面，营商环境优化能够促进市场公平竞争、法制及商业信用环境的改善，从而促进企业外部制度软环境不断优化，产生积极的人力资本效应。微观层面，表现为企业人力资本结构的升级、员工权益保护和员工信任度的增强，最终提升企业劳动生产率。

论文的研究表明，营商环境不断优化可以促进企业劳动生产率的提升，其先在宏观上对市场公平、法制和商业信用环境进行优化，从而在微观上生成积极的人力资本效应，推动企业人力资本结构的优化升级，强化对员工权益的保障力度，提升员工对企业的信任程度，进而助力企业劳动生产率的提升，同时这种积极影响在非国有企业和劳动密集型企业中表现得更加明显。论文的研究结论对如何提升企业生产经营效率具有很强的启示意义。

论文提出以下建议：一是强化企业外部营商环境改善；二是完善人才体系、吸引人才，保证相关福利保障政策有效落实；三是企业应提升自身人力资本质量、加强保护员工权益、增强员工信任感，同时积极适应外部环境，充分发挥环境优势。这些政策建议与论文的理论结论之间存在很强的逻辑联系，并且符合实际情况，具有现实指导意义。

二、实践性

近年来，中国的劳动生产率持续呈现递增态势，然而人均劳动生产率的增速却在不断减慢。所以，如何提高劳动生产率已然成为接续推动中国经济可持续增长、实现高质量发展目标亟须解决的重大现实问题。因此，论文针对营商环境优化影响企业劳动生产率的内在机制展开研究，具有重要的现实意义和实践价值。

论文利用实证分析，将 2015~2018 年中国沪深 A 股上市公司作为研究样本，整个研究过程都是在分析真实可靠的现实数据的基础上进行的，与现实情况关联紧密。在理论推演和假设提出部分，论文从营商环境的定义和内涵出发，分析营商环境这一制度软环境对于企业劳动生产率的影响，这在现实经济活动中是合理的。例如，良好的营商环境能吸引更多的高端人才、提升人力资本的质量，从而提高企业的劳动生产率。

论文的研究结论表明，优化营商环境能够积极促进企业劳动生产率的提升。机制研究结果表明，在宏观上营商环境优化可以改善市场公平竞争、法制和商业信用环境；在微观上产生正向的人力资本效应，最终促进企业劳动生产率的提升，这与现实中各地积极优化营商环境以促进经济发展的事实相符。同时，论文通过多种实证方法，如基准回归检验、稳健性检验、内生性检验和机制检验等，验证了研究结论的可靠性，充分说明该成果的结论可以经过研究设计得到证实。

论文提出了一系列具有实践指导意义的政策建议。例如，建议持续优化企业的营商环境，各省可以推动营商环境创新试点城市建设，增进城市之间的经验交流等，这些建议为各地政府提供了明确、可行的实践指导。

三、规范性

论文的选题清晰准确，紧密围绕当前经济研究热点，聚焦营商环境优化对企业劳动生产率的影响，选题具有现实意义。论文逻辑严密，从优化营商环境对宏观制度软环境的影响，到微观层面人力资本效应，再到企业劳动生产率的提升，逻辑推导合理，结构清晰，环环相扣。论文采用实证研究方法，以沪深 A 股上市公司数据为样本，符合研究主题要求。运用多种计量模型进行分析，方法使用规范严谨。论文数据来源可靠，数据来自《中国城市营商环境评价》报告，公司财务和治理数据取自国泰安数据库，确保了数据的科学性。同时，论文对样本进行了合理筛选，在实证过程中对变量进行了恰当定义和替换，保证了研究结果的可靠性。论文语言简洁明了，逻辑清晰，无论是理论阐述还是实证分析，都能够让读者轻松理解笔者的研究思路和研究结果。

四、创新性

现阶段，有关营商环境优化的结果研究多聚焦于宏观层面，很少有学者关注其对企业微观劳动生产率的影响，而论文分析优化营商环境影响微观企业劳动生产率的机制，研究角度有所创新。同时，机制研究中，多数研究常常忽视影响员工本身的机制，因此论文从企业员工人力资本效应角度，分析营商环境优化对企业人力资本效应产生影响的具体机制，丰富了营商环境等研究领域的相关文献。论文在进行理论推演和实证分析的过程中，结合宏观和微观两个层面进行分析，层层递进，步步深入，理论分析结构具有一定创新性。论文的研究发现，外部制度环境的不断优化可以改善企业劳动资源配置，该结论对企业内部劳动代理问题的研究起到了一定的拓展作用，同时拓宽了研究视野。

成果编号：A19

题目： 中国经济学研究"问题"的内涵、层次与特色

作者及单位： 沈坤荣，南京大学商学院；李子联，江苏师范大学商学院

发表刊物：《经济学动态》，2023 年第 1 期

内容简介： 中国经济学的"问题"来源于"人"，又回落于"人"。因此，应在主体维度上坚持人本导向，在时间维度上强调现实关怀，在空间维度上凸显本土特色。根据对人的发展需求的满足程度和关注层级，"问题"可分为三个层次：第一层次是目标性"问题"，主要关注和回答人的终极需求；第二层次是中介性"问题"，主要关注和回答通过什么关键渠道或中介节点来达到终极目标；第三层次是工具性"问题"，主要关注和回答运用什么工具或策略来影响中介节点并最终使终极需求得以有效满足。根据逻辑出场顺序，"问题"又可以分为前向性"问题"、同向性"问题"和后向性"问题"。在中国特色经济学的理论研究与政策实践中，应着重关注如何总结"中国经验"、如何解决"中国问题"和如何走好"中国道路"三大重要问题。

关键词： 中国经济学；问题导向；人本导向；中国问题

一、思想性

论文重点聚焦中国经济学研究"问题"的内涵、层次以及独特性质进行探讨，强调"问题"从根本上而言指向"人"的思想行为以及全方位发展，从主体、时间和空间三个维度阐述其特征和内在规定，从人类发展需求的关注层次和逻辑出场顺序两个角度划分其层次，并针对中国特色经济学提出应关注总结"中国经验"、解决"中国问题"和走好"中国道路"。论文对"问题"进行深入探讨，为中国经济学研究提供了新的理论框架。

随着中国经济的快速发展和转型，如何构建具有中国特色的经济学体系成为现阶段经济学研究者的重要使命，打造极具中国特色的经济学体系对于推进高质量发展、推动现代化强国建设以及实现共同富裕极为关键。就原则方法而言，坚持问题导向已逐渐成为中国经济学研究的普遍准则。而与回答、解决问题相比，提出问题更加重要。论文聚焦于中国经济学研究"问题"展开分析，对中国特色经济学体系的构建具有重要的理论价值。

论文首先从人本导向出发，指出中国经济学研究的"问题"在本质上应该以人的思想、行为以及全面发展为中心，强调在主体上坚持人本导向、在时间上强调现实关怀、在空间上凸显本土特色。其次根据对人的发展需求的关注层次将问题分为目标性、中介性和工具性"问题"，根据解决问题时的逻辑出场顺序将问题分为前向性、同向性和后向性"问题"。论文的分析结构严密、层层深入，为中国经济学研究提供了系统的思考框架。

论文的相关建议具有一定的思想性，如论文在分析如何总结"中国经验"时指出，以"中国经验"为基础进行理论创新应从两个方向出发，一是单一制度经验阐释，二是综合制度经验体系构建，这为中国特色经济学理论创新提供了明晰的理论框架。

二、实践性

坚持问题导向已成为现阶段建立中国经济学体系的方法论基础，思想理论的性质和人与社会的发展走向取决于问题甄别、发现和提出的方向与类别。因而，正确理解问题导向中的"问题"十分必要。论文的选题紧密围绕中国经济发展面临的现实需求，深入探讨"问题"的内涵、层次与特色，对推动中国经济学自主知识体系构建、理论创新和经济发展具有重要意义。

论文的理论分析符合现实情况，客观合理。例如，空间维度的本土特色理论，中国地域辽阔，区域间发展并不平衡，不同地区拥有不同的资源禀赋，发展需求也都不尽相同，论文的分析论述符合我国的实际情况。

论文在分析如何解决"中国问题"时指出，应将研究对象从生产关系转移到生产力，并注重生产关系的优化，处理好各类分配关系。在分析如何走好"中国道路"方面强调：在发展思路上，要坚持走高质量发展、现代化强国、共同富裕之路；在具体策略上，应在供给侧坚持创新驱动、在需求端坚持增收减税、在区域层面坚持乡村振兴、在模式上发展数字经济。这些建议为中国实现高质量发展、共同富裕等目标提供了具体的行动指南，可以引导政府、企业以及社会各主体在社会经济活动中不断向正确的方向迈进，从而促进经济的高质量可持续发展，具有很强的实践意义。

三、规范性

论文的选题为中国经济学研究"问题"的内涵、层次与特色，研究方向和范围十分明确，论文整体研究和论述也紧密围绕其选题展开，选题清晰且具有重要的理论和实践价值。

论文以人本导向为出发点，从主体、时间和空间三个维度对"问题"的特征和内在规定进行了详细阐述，清晰准确地界定了中国经济学研究的"问题"的本质内涵。论文还划分了"问题"的层次类型。无论是按对人发展需求的关注层次进行划分，还是按逻辑出场顺序进行划分，都对其进行了明确详细的论述，划分逻辑严谨客观。例如，目标性问题关注人的终极需求，中介性问题关注实现目标的路径或中介节点，工具性问题关注工具和策略的运用，划分合理。就整体而言，论文明确"问题"的内涵，再划分其层次类型，逻辑分明。在具体的论证过程中，论文引用大量经济学相关经典文献，使相关概念和基本原理得到了充分准确的说明。

四、创新性

"问题"是研究活动展开的前提，论文将焦点聚集在经济学研究"问题"本身的内涵、层次与特色上，对"问题"本身进行深入的探究，为中国经济学研究提供了一种全新的研究视角，有助于之后的经济学研究从根源上梳理研究思路。在理论层面，论文从全新的角度对"问题"的内涵进行了界定，强调其在本质上指向"人"的思想行为、全面发展，并从主体维度的人本导向、时间维度的现实关怀和空间维度的本土特色三个方面进行深入阐述。同时，论文依照对人的发展需要的满足程度以及关注级别，把"问题"区分为目标性、中介性以及工具性"问题"；按照逻辑出场顺序将"问题"划分为前向性、同向性和后向性"问题"。划分方法有所创新，为之后的研究提供了更细致、更有条理的分析框架。论文的创新性还体现在其针对中国的实际情况提出的一系列政策建议。例如，在分析如何解决"中国问题"时，论文强调将经济学的研究对象从生产关系转变为生产力，并且注重优化生产关系，处理好财政税收、生产资料等各方面的分配关系。

成果编号：A20

题目：分工与协调：区域发展的新格局、新理论与新路径

作者及单位：陆铭、向宽虎（通讯作者）、李鹏飞，上海交通大学安泰经济与管理学院；李杰伟，上海海事大学经济管理学院；钟粤俊，华东师范大学经济与管理学部

发表刊物：《中国工业经济》，2023 年第 8 期

内容简介：在新发展阶段，更高水平的改革开放将为中国发展提供新的动能，消费市场和服务业将获得快速发展。在此进程中，中国各区域的比较优势将进一步分化，经济活动和人口仍将向沿海城市群和中心城市周围集聚，偏远地区人口持续流出，进而形成从沿海向内陆、从中心城市向外围的发展梯度，呈现"双重中心—外围"的区域发展新格局。面向未来，区域发展战略应践行"在发展中促进相对平衡"的新理论，在城市群内部区分人口流入地和流出地，开拓区域间分工和协调并重的差异化发展新路径。通过深化生产要素市场改革，充分发挥中央政府的协调作用，中国将在建设统一大市场过程中改进资源的空间配置，释放改革带来的制度红利。

关键词：区域发展；"双重中心—外围"；比较优势；人口流动

一、思想性

论文主要关注中国区域发展的新格局、新理论与新路径，这一议题紧密关联中国经济社会的发展，具有重要的现实意义与深远的理论价值。在理论层面，论文在传统"中心—外围"模型的基础上，①提出了"双重中心—外围"理论框架。该框架阐述了在新的发展阶段，中国区域发展的比较优势将进一步分化，形成从沿海向内陆、从中心城市向外围的多层次发展梯度。该理论框架结合了中国的实际情况与经济规律，对于描绘中国区域经济格局具有重要意义，并能为制定符合经济发展规律的区域发展战略、促进区域间的良性竞争与合作提供理论依据。

鉴于中国正处于转型与发展过程中，理解并预测中国的区域经济格局需要采取动态发展的视角，而这正是当前区域发展理论中较为缺失的部分。论文分析了开放、改革、连通和发展四个因素如何影响各区域比较优势的变化，以及由此带来的中国区域发展战略的动态调整。

论文指出，中国未来的区域发展战略应当遵循"在发展中促进相对平衡"的新理念，并提出了一系列政策建议，包括推进生产要素市场改革、优化人口与土地资源的空间布局、加强区域间的分工与协作等。尤其强调了中央政府在区域协调发展中的核心作用，建议通过转移支付和区域发展战略促进区域间人均收入水平的趋同，这些建议对于指导未来区域政策的制定具有一定的启示意义。

二、实践性

党的二十大报告提出中国式现代化，其特征包括人口规模巨大和全体人民共同富裕。在区域经济的视角下，人口规模巨大的现代化伴随着人口空间布局的调整，而共同富裕的目标需要在此空间布局调整下实现。论文的选题针对的是中国经济发展中的重要实践问题，即如何在新的国际和国内环境下，优化区域经济布局，促进区域协调发展。这一选题具有很强的现实关联性和迫切性，对于指导中国的区域政策制定具有重要的实践意义。

论文提出的"双重中心—外围"理论框架符合当前中国经济和人口集聚的现实趋势，它来自对改革开放以来中国区域发展实践的深入观察和总结。例如，论

---

① Fujita M，P R Krugman，A Venables. The Spatial Economy：Cities，Regions，and International Trade ［M］. Cambridge：MIT Press，1999.

文中提到的人口和经济活动向沿海城市群及中心城市的集聚现象，正是中国经济发展的一个显著特征。

中国各地区参与全球经济的区位优势的巨大差异决定了区域分工是全球化时代追求国家整体竞争力提升的必然选择。与此同时，中国特色的经济体制和政治制度又使中央政府能够在区域协调上发挥更为积极的作用。因此，中国的区域发展必须不断地在发展中促进相对平衡，走上一条分工和协调并重的区域发展新路径。这一结论符合中国区域发展的实际情况，并且可以被未来的政策实践和实证研究所检验。

论文在论述"双重中心—外围"格局的制度要求部分时，从政策实践角度出发阐述了国内统一大市场建设对高质量发展带来的结构红利，也指出了当前区域发展中存在的问题。论文在最后进一步总结并展望了面向未来的分工与协调并重的区域经济发展新路径，具有很强的指导性和可操作性。

三、规范性

论文聚焦于中国区域发展的新格局、新理论与新路径，针对中国在创新驱动和经济服务化背景下的经济和人口集聚趋势，提出了"双重中心—外围"理论框架。论文详细阐述了该概念如何从传统的"中心—外围"理论演化而来，并结合中国的具体实践进行了本土化的改进。通过严密的逻辑推理与实证分析，论文中的各个概念间形成了有机联系，共同构建了一个完整的理论体系。论文结合官方的人口普查数据和经济统计数据，描述并检验了中国区域经济的新格局及"双重中心—外围"模型的动态发展趋势。借助一系列反映经济活动与人口静态空间分布及其动态调整的指标，并运用回归分析等计量经济学方法，验证了理论框架的有效性，使研究结论更为可靠，并为相关政策制定提供了坚实的基础。总体而言，论文在理论论述、研究方法及数据资料使用等方面均展现出高度的规范性。

四、创新性

论文的创新性主要体现在三个方面：第一，中国的城市化进程导致人口流动越来越大，人口空间分布越来越明显地分化为人口流入地和人口流出地，论文针对性地提出了一种新的理论框架——"双重中心—外围"模式。第二，目前政策上对于人口流入地和人口流出地并没有明确的区别对待，在其他有关区域经济发展的战略表述中也没有得到足够的重视，缺乏相应的"双重中心—外围"模型作为理论支撑。第三，论文指出，人口流入地与人口流出地之间存在着相互依存的关系，因此需要通过中央的协调来实现区域经济的发展。人口的迁徙受多重因素影响，若忽视这些内在规律，缺乏基于规律的顶层设计，则可能导致各地竞相争取成为人口流入地，从而引发过度投资、重复建设及市场割裂等一系列问题。鉴于此，论文提出了新时代区域经济发展需要中央进行协调的理论基础和具体的逻辑支持。

成果编号：A21

题目： 政府创新补贴提升数字经济企业研发强度了吗？

作者及单位： 徐建斌（通讯作者）、彭瑞娟、何凡，江西财经大学财税与公共管理学院

发表刊物：《经济管理》，2023年第4期

内容简介： 在不断做强做优做大我国数字经济的战略背景下，政府创新补贴作为重要的产业政策工具，如何有效发挥其积极作用，是否能够提升数字经济企业研发强度，值得进一步研究。论文基于国家统计局公布的《数字经济及其核心产业统计分类（2021）》，科学界定数字经济企业范围，在此基础上，以2012~2020年中国A股上市公司为样本，通过手工收集和关键词筛选的方法获取政府创新补贴数据，系统探讨了政府创新补贴对数字经济企业研发强度的影响效应。研究发现，政府创新补贴显著提升了数字经济企业的研发强度，该结论在稳健性分析中依然成立。异质性分析表明，政府创新补贴对于成长期、高技术行业及制度环境较差地区的数字经济企业研发强度具有更为显著的影响效应。进一步的拓展性分析发现，政府创新补贴与数字经济企业私人研发强度存在显著的倒"U"形关系，并且我国当前针对数字经济企业的政府创新补贴还处于倒"U"形的左侧底部。同时发现，政府创新补贴对数字经济企业研发强度的影响效应不具有动态性。本文的研究拓展和丰富了数字产业化及政府补贴效应等相关领域文献，为数字经济时代与高质量发展背景下优化政府创新补贴政策，更好地做强做优做大我国数字经济提供了重要启示。

关键词： 数字经济；创新补贴；企业研发强度；数字产业化

一、思想性

论文聚焦于数字经济企业的研发强度与政府创新补贴之间的关系。基于技术创新的外部性特征以及信息不对称导致的融资约束问题，论文确立了政府对数字经济企业研发行为进行补贴的基本理论依据。

理论上，政府创新补贴对数字经济企业研发强度的影响可以分为直接影响和间接影响。直接影响主要表现为资金效应，直接增加企业的研发投入。间接影响则主要包括认证效应和溢出效应，即通过信号传递和知识扩散等方式间接促进企业的研发活动。数字经济企业作为轻资产和技术密集型主体，在不同生命周期阶段面临不同程度的融资约束和创新意愿差异。论文基于企业生命周期理论提出，补贴对成长期企业的研发激励效果更显著。

鉴于不同行业的技术水平、技术机会和融资约束存在显著差异，并且企业嵌入特定的制度环境中，受到制度环境的制约，论文进一步探讨了政府创新补贴影响数字经济企业研发强度的行业异质性及其在不同制度环境下的表现。这些理论观点基于对现有文献的深入分析和对现实经济环境的观察，综合考虑了数字经济的特征，如高频次创新、强外部效应及广泛覆盖等特性，概述了数字经济企业在研发过程中面临的市场失灵问题，以及政府补贴在解决这些问题中的潜在作用。

论文发现，政府创新补贴显著提升了数字经济企业的研发强度，特别是在成长期、高技术行业和制度环境较差的地区。此外，政府创新补贴与企业私人研发强度存在倒"U"形关系，而且当前补贴水平尚未达到最优，这一结论对相关领域的进一步深入研究有一定的借鉴意义。论文建议进一步加大对数字经济企业研发创新的财政补贴力度，精准施策，提高补贴效率，以及加强创新补贴政策与金融政策的互动协调，为后续的政策完善提供了科学依据。

二、实践性

我国数字经济发展仍面临诸多挑战，包括关键领域创新能力欠缺，以及产业链供应链受制于人的状况尚未得到根本性扭转。习近平总书记明确指出，相较于全球数字经济领先国家，我国数字经济虽规模庞大、发展迅速，但仍存在大而不强、快而不优的问题。在此背景下，探讨政府创新补贴如何影响数字经济企业的研发强度及其具体影响机制，是一个极具实践意义的课题。

论文在理论论述中，基于对数字经济企业现实经济活动的合理推断，提出了合理的研究假设，进一步通过对中国 A 股上市公司的数据进行分析，验证了政府创新补贴对企业研发强度的显著影响。论文综合分析了不同企业生命周期、不同行业技术水平和不同制度环境对政府补贴效果的可能影响。

研究结论揭示了政府创新补贴对数字经济企业研发强度的积极激励作用，以及补贴效果在不同情境下表现出的异质性和非动态性。这些结论具备良好的可验证性，未来可通过政策实践与后续研究进一步检验和完善。

针对数字经济发展中存在的问题，政策建议部分给出了具体可行的措施。这些建议不仅基于实证研究结果，还充分考虑了财政承受能力和市场实际需求，因此具有较高的现实操作性和指导意义。政策制定者可据此调整和优化现有补贴政策，以更有效地推动数字经济企业的研发创新活动。

三、规范性

论文对关键概念，如"数字经济企业""研发强度"和"政府创新补贴"等进行了清晰的定义和解释。例如，其数字经济企业的范畴是来自国家统计局公布的《数字经济及其核心产业统计分类（2021）》，确保了研究的准确性和可靠性。在理论论述中，论文也清晰地阐述了政府创新补贴与企业研发强度之间的逻辑关系。

在数据收集、模型设定、变量选择和统计分析等部分，论文均遵循了学术研究的标准。例如，通过手工收集和关键词筛选方法获取政府创新补贴数据，这种方法虽然耗时耗力，但能够确保数据的准确性和研究质量。论文使用双向固定效应模型控制不随时间变化的企业特有因素，以及可能影响企业研发行为的宏观因素，确保了估计结果的准确性。论文的文字表达清晰、准确，逻辑性强，易于读者理解，无论是介绍研究背景、阐述理论框架、描述研究方法还是报告研究结果，都力求简洁明了，使读者对论点和研究发现一目了然。

四、创新性

论文的创新之处主要体现在以下三个方面：一是研究视角上的创新，论文较为科学地界定了数字经济企业的范围，并在此基础上，利用上市公司的数据，实证分析了政府创新补贴对数字经济企业研发强度的影响。这一视角为政府补贴的创新效应研究开辟了新的方向。二是研究内容上的拓展，论文通过手工收集和关键词筛选方法获取政府创新补贴数据，分析了政府创新补贴对数字经济企业研发强度的影响及其异质性。政府补贴研发行为的主要目的是激励企业增加私人研发投入，以实现社会福利的最大化。论文进一步探讨了政府创新补贴的额外激励效应及其动态影响，这是对数字产业化研究的重要补充。三是政策启示上的贡献，论文基于研究结论提出了具体优化建议，旨在提升新时期数字经济企业的研发创新能力，打造具有国际竞争力的数字产业集群，并推动我国数字经济做强做优做大。

成果编号：A22

题目：财富差距的居民消费抑制效应：机制探讨与经验证据

作者及单位：易行健，广东金融学院金融与投资学院；李家山，广东外语外贸大学金融学院；万广华，复旦大学世界经济研究所；杨碧云，广东外语外贸大学金融学院

发表刊物：《数量经济技术经济研究》，2023 年第 6 期

内容简介：加快构建新发展格局需要面对"增强消费对经济发展的基础性作用"和"稳步提高居民消费水平"的重大现实经济问题，我们需要对"推进共同富裕"与"构建新发展格局"之间的关系进行深入思考。论文深入探讨了财富不平等这一经济现象如何影响中国居民的消费行为，收集并分析了中国家庭金融调查数据，揭示了财富不平等对居民消费决策的影响，并探究了背后的深层机制。通过采用中观层面的加总数据进行实证分析，结果显示财富分布不均对居民消费支出产生了显著的负面影响。具体来说，财富差距对于居民消费的抑制作用比收入差距更为突出。通过分析近 20 年来财富差距和平均消费倾向的变化趋势，发现财富差距能够合理解释居民平均消费倾向下降的 58.6%。在微观层面上的机制研究中，论文深入剖析了财富差距对居民消费的多个渠道效应，包括消费收入敏感性、流动性约束、财富—地位寻求动机以及社会资本四个渠道。论文的结论强调了实现共同富裕在构建"双循环"发展格局以及实现高质量发展战略中的重要性。

关键词：财富差距；居民消费；流动性约束；社会资本；地位寻求

一、思想性

论文通过实证研究的方法深入探讨了财富差距如何通过多个渠道影响居民的消费行为，并从宏观和微观两个层面分析了其作用机制。研究表明，财富差距的扩大显著抑制了居民的消费支出，且这一抑制效应高于收入差距。论文还分析了近20年来财富差距和平均消费倾向的变动趋势，发现财富差距可以解释中国居民平均消费倾向下降的58.6%。这些发现为理解财富不平等对居民消费的影响提供了深入的见解，为解释中国居民"低消费、高储蓄"现象提供了新的视角。

论文的选题基于中国经济发展中存在的贫富差距问题，这一问题在当前中国社会中具有较高的关注度和紧迫性。论文聚焦于财富不平等对居民消费的影响，对贫富差距问题研究具有重要的理论意义，为中国推动消费扩大和升级、构建新发展格局提供了重要启示。

论文基于凯恩斯消费理论、生命周期—持久收入理论等，阐述了财富差距对消费行为的影响机制，并强调了财富差距通过收入分配、流动性约束、财富—地位寻求动机以及社会资本等多个渠道抑制居民消费，并以小麦水稻适宜度作为工具变量，有效识别了财富差距与居民消费之间的因果关系。该论文还从农业生产方式衍生出的社会组织行为和文化视角出发，为扎实推进共同富裕提供了理论依据，为更好地理解财富不平等的社会影响和解决相关问题提供理论指导。

论文的结论表明，财富差距的扩大对居民消费具有显著的抑制效应，财富差距对居民消费的抑制效应高于收入差距，并且主要通过消费收入敏感性、流动性约束、财富—地位寻求动机以及社会资本四个渠道发挥作用，对进一步研究财富不平等对消费行为的影响具有重要意义，为如何通过减少财富差距来促进消费和经济增长提供了新的视角。

论文提出了一系列政策建议，包括健全规范财富积累机制、合理利用再分配政策、倡导集体主义文化价值观、关注中低财富群体的消费刺激政策、降低中低阶层居民的流动性约束以及提高社会资本水平等。这些建议为解决贫富差距问题提供了清晰的思路，并且对促进共同富裕和构建"双循环"发展格局具有重要的指导意义。

二、实践性

论文的选题聚焦于中国居民的财富差距与消费支出之间的关系，探讨了财富不平等对中国居民消费的影响及其相关机制，这是当前中国经济发展面临的重要现实问题。随着中国经济的转型，消费已成为推动经济增长的主要动力，面对居民收入和财富差距的扩大，如何有效释放消费潜力，促进经济高质量发展，是构建"双循环"新发展格局的关键。论文的研究内容紧扣时代脉搏，具有重要的实践意义。

论文从凯恩斯消费函数、生命周期—持久收入理论等经典理论出发，结合中国居民消费行为特征，构建了财富差距影响居民消费的理论框架。该框架涵盖了消费收入敏感性、流动性约束、财富—地位寻求动机以及社会资本等多个层面，能够较好地解释财富差距抑制居民消费的机制，并结合中国家庭金融调查数据进行了实证检验，说明论文的理论论述与现实紧密关联，具有较强的实践性。

论文的实证结果表明，财富差距显著抑制居民消费支出，且这种抑制效应高于收入差距。这一结论符合中国居民消费行为特征，并可通过其他数据进行检验。财富差距通过消费收入敏感性、流动性约束、财富—地位寻求动机以及社会资本四个渠道抑制居民消费，能够解释中国居民平均消费倾向下降的58.6%。研究结论揭示了财富差距对消费的具体影响机制，为政策制定提供了依据，具有很高的实践价值。论文提出了规范财富积累机制、合理利用再分配政策、倡导集体主义文化价值观、加大对中低财富群体支持力度、降低流动性约束、提高正规风险分担水平等政策建议，具有较强的可操作性。

三、规范性

论文对财富差距、居民消费等核心概念进行了清晰的界定，并运用经济学理论从宏观层面分析了财富差距对居民消费的影响，从微观层面深入探讨了消费收入敏感性、流动性约束、财富—地位寻求动机以及社会资本四个渠道的影响，并结合中国家庭金融调查数据进行了实证检验，说明逻辑关系论述严密，理论论证清晰。还采用了多种定量分析方法，包括描述性统计、多元回归分析、工具变量法等，研究方法选择恰当，符合学术标准。使用了中国家庭金融调查数据，并对数据进行了严格的处理和筛选，如剔除缺失值、对异常值进行处理等，以确保数据的准确性和可靠性。对研究方法和数据的详细描述使其他研究者可以复制和验证研究结果，体现了论文在研究过程中遵守了科研诚信的准则。

四、创新性

论文聚焦于财富差距对居民消费的影响，提供了一个新的理论视角，丰富了居民消费行为研究的理论框架。以小麦水稻适宜度水平作为工具变量，为财富差距相关实证研究提供了因果识别方案，具有一定的创新性。基于研究结论，提出了规范财富积累机制、合理利用再分配政策、倡导集体主义文化价值观、加大对中低财富群体支持力度、降低流动性约束、提高正规风险分担水平等政策建议，具有较强的针对性和创新性。

成果编号：A23

题目： 国际冲击下系统性风险的影响因素与传染渠道研究

作者及单位： 杨子晖、陈雨恬（通讯作者），南方科技大学商学院；黄卓，北京大学国家发展研究院中国经济研究中心、数字金融研究中心

发表刊物：《经济研究》，2023 年第 1 期

内容简介： 论文从宏观审慎和微观审慎两个角度出发，运用前沿的系统风险分解方法和相对重要性分析技术，精确度量国内外 49 个主要金融市场的系统关联和尾部风险，并对我国金融市场中的薄弱环节进行精确识别。同时，论文在不同市场冲击下分析各种影响因子对系统性风险及其子成分的作用方向和影响程度，并对输入性金融风险的传染渠道进行分析。另外，论文还对发达国家和新兴市场风险的影响因子和传染途径进行了比较研究。最后，利用条件分位数回归模型研究不同风险分位数区间内各种因素的异质性作用并分析其演进过程。基于此，论文对有效应对输入性风险冲击提出政策建议，为我国"守住不发生系统性风险的底线"，完善国际金融风险防范机制提供参考。

关键词： 系统关联；尾部风险；风险影响因素；风险传染渠道

一、思想性

论文深入研究了国际冲击下系统性风险的影响因素和传染渠道，采用多种计量经济学方法，对国内外的 49 个主要金融市场的系统性风险进行了对比分析，并识别了风险传染的渠道。分析了贸易和金融关联对风险传染的影响，以及金融发展对风险的影响，为理解和防范系统性风险提供了重要参考，使人们能够对国际金融冲击下的系统性风险有更深入的认识。

论文选题背景是在全球金融一体化进程的不断推进下，国际金融市场之间的联系日益紧密，国际冲击对各国金融市场的风险传染效应日益显著。在此背景下，研究系统性风险的影响因素和传染渠道具有重要意义。论文的选题背景紧贴当前国际经济金融形势，为理解国际金融市场的动态及其对国内金融市场的影响提供了重要视角，对金融风险管理领域的学术研究具有重要意义。

论文基于宏观审慎与微观审慎的双重视角，采用极值理论和条件分位数回归模型等前沿方法，对系统性风险进行了分解和量化分析，揭示了风险传染的内在机制。这些理论方法的应用，为研究系统性风险问题提供了新的理论工具和分析视角，对后续相关研究具有重要的理论启示。

论文的研究发现，国际金融市场的动荡通过贸易和金融两个渠道影响系统性风险，其中贸易渠道对尾部风险的影响更为显著。自 2008 年以来，中国与新兴市场的系统性风险关联度逐渐增强。论文的研究结论具有深刻的理论意义，揭示了在全球金融一体化背景下各国金融市场的相互依赖性和风险传染的复杂性，对理解和防范系统性金融风险具有重要的指导作用。

论文的政策建议紧密结合研究结论，针对国际冲击下系统性风险防范提出了具体的措施，如完善国际输入性风险预警机制、加强对金融机构的微观治理、警惕全球资产泡沫破裂风险、关注新兴市场异常波动等。这些建议具有明确的政策指向，对防范系统性风险提供了更清晰的思路，为相关领域的政策制定提供了参考。

二、实践性

论文聚焦于国际冲击下系统性风险的影响因素与传染渠道，在全球金融市场动荡的背景下，如何有效应对国际市场风险冲击、防范金融市场异常波动成为重要议题。论文选题具有重要的现实意义，对于制定有效的金融监管政策、维护金融市场稳定具有重要价值。

论文从宏观审慎与微观审慎的视角出发，采用系统性风险分解方法和相对重要性分析技术，探讨了国际输入性风险冲击下的全球金融市场系统关联及尾部风险，分析了在不同市场冲击下各影响因素对系统性风险及其子成分的作用方向和影响力度，以及风险传染的渠道。该成果理论论述深刻且具有前瞻性，结合了现实世界的金融问题，为理解和应对系统性风险提供了新的视角和分析框架。

论文的研究结论指出，在受到国际市场风险冲击时，中国金融市场与新兴市场的系统关联更高，且在新兴市场冲击下，中国的个体尾部风险快速积聚。此外，经济规模、贸易开放程度、金融开放程度等因素对系统性风险有显著的正向影响。论文的研究结论基于实证分析，符合实际情况，并且可以进行后续研究和实践检验。

根据研究结论，论文提出了加强宏观审慎管理和微观审慎监管、警惕全球资产泡沫破裂风险、关注新兴市场异常波动、多措并举协调风险防范工作等政策建议，具有较强的实践指导性，有助于监管机构更有效地管理金融风险，维护金融市场的稳定。

三、规范性

基于系统性风险的前沿研究，论文采用了宏观审慎与微观审慎的双重视角，对国际冲击下的系统性风险进行了深入分析，对系统性风险的定义、影响因素、传染渠道等进行了清晰的阐述，理论框架清晰，逻辑关系论述严密。还采用了极值理论、条件分位数回归模型等先进的计量经济学方法来测算和分析系统性风险，符合学术研究的标准，能够有效地处理金融时间序列数据的极端值问题，增强了研究结果的可靠性和有效性。并且使用了国内外49个主要金融市场的数据，时间跨度较长，能够较好地代表全球金融市场的动态。对数据进行了必要的筛选和处理，明确说明了数据来源，参考文献格式规范，符合科研诚信准则，表现出了良好的学术道德和规范性。

四、创新性

论文从宏观审慎和微观审慎的双重视角出发，对国际冲击下的系统性风险进行了分析，提供了新的理论框架。这种视角有助于更全面地理解金融市场中的风险传染机制，并为金融监管提供了新的理论支持。论文使用了国内外 49 个主要金融市场的数据，涵盖了发达市场和新兴市场，且时间跨度较长，为研究提供了新的数据源。论文采用了极值理论和条件分位数回归模型等先进的计量经济学方法，这些方法在金融风险管理和尾部风险分析中具有创新性。论文指出了中国金融市场与全球市场的关联性，并提出了针对性的政策建议，如加强宏观审慎管理与微观审慎监管的协调配合，以及对金融机构的微观治理力度等，为金融监管和风险管理提供了新的视角和思路。

第六章 评价实践（二）：
高质量研究报告评价

研究报告是具有较强实践指导意义的学术成果，是理论研究与应用对策研究相结合的重要成果形式。高质量的研究报告不仅体现科研单位的学术水平，更能反映理论研究的转化能力，研究报告的成果质量在很大程度体现研究机构（或智库）的研究水平。因此，提高智库代表性研究报告的质量，有助于发挥智库资政检验功能，推动国家治理体系和治理能力现代化，是建设中国特色新型智库的必然要求。本章以经济学科为例，对高质量研究报告进行评价研究。在经济学科相关领域内，经专家推荐评审，确定一批高质量研究报告作为评价对象。依据评价标准，由学科专家和评价委员会共同评选出"示范性高质量研究报告"，再由评价委员会根据哲学社会科学高质量学术成果的概念内涵，对示范性成果进行系统性的评价研究，阐释研究成果在思想性、实践性、规范性、创新性等方面的优势和特色，更充分地发挥示范性高质量研究报告在引领哲学社会科学正确发展方向中的积极作用。①

第一节 评价过程和结果

本章以经济学科为例对高质量研究报告进行评价研究。在 2023 年出版的研

---

① 需要强调的是，本章在理论上探讨哲学社会科学成果评价体系和推介制度，以理论研究为直接目的，评价实践可以看作理论研究的一部分。因此，在对示范性研究报告做进一步系统性评价研究时，事实上在操作层面，笔者参考专家提出的意见，整理成对应章节的内容。当然，如果使用本文给出的评价体系进行学术成果评价，完全可以按照评价体系，由评价委员会直接给出对成果优势和特色的分析。

究报告中，由学科专家推荐经评审委员会讨论，确定一批研究报告作为评价对象。评价委员会根据学科专家对高质量研究报告的评分，经过讨论评选出 5 份示范性高质量研究报告。表 6-1 列出了 5 份示范性高质量研究报告的相关信息。这些成果的研究选题涉及中国经济增长、全球数字竞争力、区域创新能力、世界湾区发展指数、全球化与全球治理等多个领域。从研究主题来看，这 5 份研究报告具有较强的实践性，研究的问题与全球经济发展实际结合紧密，研究结论和政策建议有较强的实践指导意义。基于高质量学术成果的评价标准，由评价委员会对示范性研究报告从思想性、实践性、规范性、创新性这四个方面做进一步研究，说明研究成果的优势和特色，增强研究成果的示范效应。

需要强调的是，本章的研究目标是在理论上探讨优秀研究成果的评价体系和推介制度，文中的评价实践本质上是对评价理论和评价体系的一种研究检验，类似于对"原型系统"的测试，因此对于本章评选出的示范性高质量成果，仅说明这些研究成果在一定程度上符合本章提出的评价标准，而其他未被评选的研究成果并非必然地被排除在优秀成果之外。

表 6-1　示范性高质量研究报告（经济学科 2023 年）

序号	题目	出版社
1	中国经济增长报告（2022~2023）——中国式现代化与城市可持续发展	社会科学文献出版社
2	全球数字经济竞争力发展报告（2023）	社会科学文献出版社
3	中国区域创新能力评价报告 2023	科学技术文献出版社
4	世界湾区发展指数研究报告（2023）	社会科学文献出版社
5	2023 世界开放报告	中国社会科学出版社

第二节　示范性高质量研究报告评价研究

依据评价标准，对各篇示范性高质量研究报告的优势和特色进行系统性评价研究，凸显其在引领哲学社会科学正确发展方向中的示范效应。具体地，对各示范性成果的基本信息进行汇总，然后根据评价委员的意见，分别对每份研究成果从思想性、实践性、规范性、创新性四个方面进行评价。

成果编号：B01

题目： 中国经济增长报告（2022~2023）——中国式现代化与城市可持续发展

作者及单位： 张自然、张鹏、张平、张小溪、楠玉，中国社会科学院经济研究所

出版社： 社会科学文献出版社，2023 年

内容简介： 在剧烈的国内外环境变动冲击下，中国经济走向复苏之路，但持续上升的过程中充满了挑战。短期内，经济增长的景气度有所下降，进一步提高了市场主体的风险偏好，这迫切需要通过短期政策的提前布局和红利的持续释放，以及长期体制和机制的改革与优化，加速形成预期与增长螺旋上升的景气通道。

中国正面临着一个人口规模巨大的现代化难题。在压力与考验方面，我国已度过人口高速增长期，人口总量将趋于稳定或缓慢减少，然而人口老龄化的趋势不可忽视，这对长期增长构成了制约和压力。对于中国式现代化而言，这是一个巨大的挑战。在推进人口规模巨大的现代化进程中，中国需要应对包括总量负债、结构负债、性别负债和人力资本负债在内的四大负债问题。

中国式现代化与传统模式存在差异，它不仅追求人口规模巨大和全体人民共同富裕，还强调低碳转型、绿色发展，推动精神文明与物质文明的和谐共进，是依靠中国人民自力更生的现代化。为了推动共享、绿色、协调、和平发展等目标的实现，有必要对中国式现代化指标进行深入研究，以便更好地推进中国式现代化进程。

研究报告通过翔实的数据研究提出了中国式现代化的发展路径选择：①推动人力资本向智力资本转化，以应对人口负增长的冲击并提高人力资源的利用效率，全面挖掘人口质量红利、人才和知识红利以及健康红利，提升老龄化社会的潜力。同时需要发展数字经济，加快数字化转型。②加快构建预期与增长螺旋上升的景气通道，打破紧缩与下行循环的负面反馈。一方面，继续执行积极的财政政策和稳健的货币政策，通过政策的连续性稳定市场预期，促使市场主体从资产负债表的修复转向积极投资。

另一方面，大力发展民营经济，持续激发其发展活力。③推动降碳、减污、增绿与增长的一体化协同，将绿色转型的约束转变为激励。同时，中国式现代化还需要注重创新驱动和效率提升。

研究报告基于详尽的统计数据和实地调研资料开展研究，包括总报告、可持续发展专题、中国式现代化指标设计专题三大部分，分析了2023年我国宏观经济的运行态势、增长动力以及近期和远期的增长前景，并对中国城市可持续发展状况进行了评估，提出了相应的政策建议。报告不仅分析了2023年我国的宏观经济状况，还探讨了人口规模巨大的现代化面临的人口转型挑战与机遇，并对中国式现代化进行了展望。通过对中国城市可持续发展状况进行评估，提出了中国式现代化的路径选择。可持续发展专题基于中国式现代化的五大特征，评估了我国284个地级及以上城市的可持续发展状况。中国式现代化指标设计专题从人的高质量集聚、共同富裕、精神文化发展、人与自然和谐共生、对外交流五个方面构建了评价指标体系，并根据主要城市的实际数据进行了测量和评价。研究发现，人的高质量集聚和人的现代化是未来中国式现代化大都市建设的核心，稳步推进型城市应积极汲取国内外先进现代化城市的发展经验。

关键词：中国式现代化指标设计；中国城市发展；智力资本；可持续；发展评价

一、思想性

该成果围绕中国经济发展现状、人口转型挑战、中国式现代化路径选择以及城市可持续发展评价开展研究，体现了对当前经济形势的深刻洞察和对未来发展方向的深入思考。研究报告以中国经济增长为研究对象，深入探讨中国经济如何步入复苏轨道，并面临持续向上的挑战。该成果以中国特色社会主义理论为指导，从宏观经济总体情况、价格运行、汇率市场、消费复苏、固定资产投资、外贸增长、就业摩擦、实际利率等方面进行了全面分析，深入分析了人口转型对经济增长的影响，并提出了实现中国式现代化的路径选择。该成果研究内容深刻，理论论述翔实，研究结论具有启发性，使人们对中国经济增长的复杂性和不确定性有了更深入的认识。特别是在人口规模巨大的现代化挑战、智力资本转化、预期与增长螺旋向上的景气通道等方面，提供了新的视角和思考路径。

基于中国式现代化的五大特征，该成果构建了一个全面的城市可持续发展评价体系。该研究不仅涵盖经济增长、增长潜力、政府效率、人民生活和环境质量等一级指标，还通过 61 个具体指标进行了深入分析。这些指标涵盖产出效率、经济结构、经济稳定、产出消耗、增长可持续性、公共服务效率、社会保障、收入水平、健康保障、生活质量、生态环境、工业及生活排放、空气监测等方面。研究采用主成分分析法，对我国 284 个地级及以上城市进行了客观评价，得出了1990~2022 年的可持续发展综合指数。这一研究使人们对城市可持续发展的复杂性和多维度有了更深入的认识，尤其是在中国式现代化背景下，对如何平衡经济发展与环境保护的关系有一定启发。

研究报告从促进人的高质量集聚、实现共富共进、发展精神文化、实现人与自然和谐共生、加强对外交流五大方面构建了中国式现代化大都市评价指标体系，并基于主要城市的现实数据进行了测度和评价。该成果以中国式现代化的五大特征和本质要求为基础，系统地提出了中国式现代化大都市的相关理论，强调了人口高质量有序集聚、经济效率与公平、文化事业与产业、生态环境发展、国际经济交流的重要性。研究结果表明，更加注重人的高质量集聚与人的现代化是未来中国式现代化大都市建设的重中之重。研究报告不仅为理解中国式现代化大都市的内涵和发展路径提供了新的视角，还使人们对城市现代化的理论和实践有了更深入的认识，有助于推动中国式现代化大都市的科学发展。

二、实践性

该成果聚焦于中国经济发展面临的挑战和机遇以及如何实现中国式现代化，具有重要的现实意义。人口转型带来的挑战是当前中国经济发展面临的重要问题，研究报告对此进行了深入分析，并提出了相应的对策建议。研究报告的理论论述紧密结合中国经济发展实际，提出了促进人力资本向智力资本转化、加快形成预期与增长螺旋向上的景气通道、推动降碳、减污、扩绿、增长一体化协同增效等实现中国式现代化的路径选择，具有较强的可操作性。该成果的研究结论对于推动中国经济发展和实现中国式现代化具有重要的实践指导意义。例如，研究报告提出的促进人力资本向智力资本转化、加快形成预期与增长螺旋向上的景气通道等路径选择，可以为政府制定相关政策提供参考。

该成果基于对多个具体指标开展分析，揭示了不同城市在经济发展、环境保护、社会福利等方面的表现和差距。研究结论不仅为地方政府提供了具体的政策建议，还为城市管理者和决策者提供了科学的数据支持，能够帮助他们更好地制定和调整可持续发展战略。例如，研究报告中提到的经济增长、增长潜力、政府效率、人民生活和环境质量等指标，为地方政府提供了明确的发展方向和改进措施。此外，研究报告还通过可持续发展雷达图，直观展示了各城市的优劣势，有助于地方政府在实践中找到突破口，提升城市的综合竞争力。这些研究成果不仅为学术界提供了丰富的研究素材，也为实际工作中的城市管理和政策制定提供了有力的支持。

该成果针对国内大城市在过去发展中存在的区域城乡发展失衡、"大城市病"、发展目标偏离以人民为中心的原则等问题，提出了具体的评价指标体系和解决方案。从促进人的高质量集聚、实现共富共进、发展精神文化、实现人与自然和谐共生、加强对外交流五大方面入手构建了中国式现代化大都市的评价指标体系，并通过熵权 TOPSIS 法和障碍度法对主要城市进行了系统评价。研究结果揭示了各城市在现代化进程中的优势与短板，为地方政府制定科学合理的政策措施提供了实证依据。例如，研究发现"北上广深"在营商环境、吸引外资等方面表现突出，但在某些领域仍存在不足，需要进一步优化。这些结论不仅有助于提升城市居民的生活质量，还为其他城市提供了宝贵的经验借鉴，具有重要的现实指导意义。

三、规范性

报告在撰写过程中遵循了学术规范和科研诚信原则，在分析问题和提出结论时，坚持客观公正的原则，避免了主观臆断和偏见。在理论论述方面，引用了大量科学的研究和数据，如中国经济增长前沿课题组的研究成果，以及国内外知名数据库的数据，广泛借鉴了国内外经济学、人口学、社会学等领域的最新研究成果，并结合中国实际情况进行分析，保证了理论的科学性和前沿性。在研究方法上采用了计量经济学方法，如生产函数分解、相关性分析等，对人口转型对经济增长的影响进行了实证研究，增强了研究的说服力。该成果使用的数据主要来自国家统计局、中国海关总署、中国人民银行等官方统计部门，保证了数据的真实性和可靠性。

报告详细阐述了研究背景和目的，清晰定义了研究对象和研究范围，确保了研究的科学性和严谨性。研究采用了主成分分析法，这是一种广泛应用于多变量数据分析的统计方法，能够有效地提取主要成分，减少数据的维度，提高分析的准确性和可靠性。数据使用方面，基于1990~2022年的大量实际数据，涵盖了我国284个地级及以上城市的多个方面，数据来源可靠，数据处理方法科学。此外，该成果还详细列出了各具体指标的权重，确保了研究结果的透明性和可验证性。

该成果基于中国式现代化的五大特征和本质要求，系统地提出了中国式现代化大都市的理论框架，确保了研究的理论基础扎实。报告采用了熵权TOPSIS法和障碍度法这两种科学的方法，通过SPSSAU软件进行综合分析，确保了研究方法的科学性和可靠性。结合各地市的统计数据，对各正趋势指标进行了正向化处理，对负趋势指标进行了负向化处理，使所有指标均统一为正趋势结果并落在0~1的区间，保证了数据的一致性和可比性。此外，报告详细列出了各项具体指标的权重，充分体现了中国式现代化对人的高质量集聚、物质文明与精神文明相协调、人与自然和谐共生的实践要求。这些严谨的理论论述、科学的研究方法和可靠的数据使用，使该研究具有较高的学术规范性和科研诚信度，为后续研究提供了良好的示范。

四、创新性

该成果在创新性方面表现突出。第一，报告提出了促进人力资本向智力资本转化、加快形成预期与增长螺旋向上的景气通道等实现中国式现代化的路径选择，丰富了中国特色社会主义理论体系。研究报告不仅使用了传统的宏观经济数据，还引入了一些新的数据源，如数字化转型的相关数据，为研究提供了新的视角。其结合了定量分析和定性分析，采用了多种研究方法，提高了研究的准确性和可靠性。报告提出了一些新的政策建议，如推动绿色转型、促进民营经济发展等，这些建议为解决当前中国经济面临的挑战提供了新的思路和方案。

第二，研究报告提出了一个全新的城市可持续发展评价体系，不仅涵盖了传统的经济指标，还引入了环境质量和人民生活等多维度指标，更加全面地反映了城市的可持续发展状况。该成果整合了 1990~2022 年的长期数据，涵盖了国内外 284 个地级及以上城市的多个方面，数据量大且时间跨度长，为研究提供了丰富的实证基础。研究报告采用了主成分分析法，这是一种创新的数据分析方法，能够有效地提取主要成分，减少数据的维度，提高分析的准确性和可靠性。研究结论得出了 1990~2022 年中国城市可持续发展的综合排名和指数，揭示了不同城市在可持续发展方面的表现和差距，为政策制定提供了科学依据。

第三，研究报告系统地提出了中国式现代化大都市的理论框架，将中国式现代化的五大特征和本质要求具体化为促进人的高质量集聚、实现共富共进、发展精神文化、实现人与自然和谐共生、加强对外交流五大方面，填补了现有研究中关于中国式现代化大都市理论研究的空白。该成果结合各地市的统计数据，不仅采用了传统的熵权法来确定权重，还结合 TOPSIS 法和障碍度法对各城市的现代化水平进行了多维度、多层次的综合评估，提高了研究结果的科学性和可信度。报告得出了更加注重人的高质量集聚与人的现代化是未来中国式现代化大都市建设的重中之重这一重要结论，为地方政府制定科学合理的政策措施提供了新的思路和依据。

成果编号：B02

题目：全球数字经济竞争力发展报告（2023）

作者及单位：王振、惠志斌、徐丽梅、赵付春、王滢波，上海社会科学院

出版社：社会科学文献出版社，2023年

内容简介：数字经济已经成为全球经济发展的重要驱动力量，也是各国重点发展的核心领域，各国在数字经济领域的竞争日趋激烈。为推动中国数字经济发展，上海社会科学院信息研究所联合相关外部研究力量，构建了全球数字经济国家竞争力评价模型、全球数字经济城市竞争力评价模型以及全球数字经济企业竞争力评价模型，从多个维度对全球主要国家、城市和企业在数字经济领域的竞争力进行定量评估与特征分析。

作为聚焦全球数字经济发展的首部蓝皮书，《全球数字经济竞争力发展报告（2023）》以最新的全球数字经济相关的国家、城市和企业数据为基础，全面测评了全球数字经济国家层面、城市层面和企业层面的竞争力水平与结构特征，勾勒了全球数字经济的发展全景图。

在数字经济国家竞争力层面，数字经济已成为全球竞争的战略制高点，各国数字经济竞争进入白热化阶段，纷纷加快数字经济发展步伐，相关战略规划、法规法案、合作条约、产业联盟大量涌现。中美是全球数字经济竞争力最强的两个国家，也是全球数字经济竞争格局的主要影响国，全球数字经济相关领域涌现的法案、产业联盟等大多围绕中美竞争展开；美国数字经济竞争力明显强于中国、韩国、日本、荷兰、瑞典等国家，一超多强的格局较为稳定；多数国家的数字经济竞争力结构并不均衡，美国、中国、韩国和日本等国的数字市场竞争力明显强于数字环境竞争力，荷兰、瑞士、丹麦、挪威和芬兰等欧洲国家的数字环境竞争力要强于数字市场竞争力。

在数字经济城市竞争力层面，城市数字经济竞争力总体上与城市经济实力和规模存在显著相关性。欧美发达国家的中心城市，如纽约、伦敦等，综合实力位居前列，尤其体现在数字创新能力方面。亚太新兴城市积极拥抱数字化变革，在部分指标上已经追平这些城市，其中以韩国首尔、

中国上海和北京以及新加坡为突出代表。目前其他区域，如南亚、非洲、拉美的中心城市数字竞争力不强，有较大的提升空间。城市数字化发展符合"先发优势"的规律。纽约、伦敦和新加坡等城市在数字化方面都属于先行者，其地位稳固，拥有全面的优势，很难被超越。这些城市在数字化早期进行部署，才能在每一轮新型技术浪潮中屹立不倒。而一些发展中国家城市，由于距离技术前沿较远，且受制于资本投入、人才等因素，难以挑战先进城市的地位。

在数字经济企业竞争力层面，2022年，全球数字企业发展呈现新的局面。该成果继续关注数字经济企业的发展，并延续往年的研究方法，对2022年全球数字企业的竞争力展开新的评价。结果显示，从综合竞争力来看，苹果公司、亚马逊和微软公司位列前三；从规模竞争力来看，苹果公司、亚马逊和微软公司仍然位列前三；从效率竞争力来看，威望迪环球、威睿公司和威瑞信位列前三；从创新竞争力来看，台积电、三星公司和亚马逊位列前三；从成长竞争力来看，美团、UIPATH 和 ROBLOX 位列前三。美国、中国和日本继续成为2022年世界数字企业竞争力的三强，涌现出数量众多、具有竞争力的数字企业。

关键词：数字经济；竞争力；数字产业；数字治理；人工智能

一、思想性

数字经济已经成为重组全球要素资源、重塑全球经济结构、改变全球竞争格局的关键力量，相关学术研究的深度与广度正不断拓展。《全球数字经济国家竞争力发展报告（2023）》通过构建一套涵盖数字设施竞争力、数字产业竞争力、数字创新竞争力和数字治理竞争力的多维度评价体系，对全球 50 个国家的数字经济竞争力进行了严谨而深入的量化分析。此研究不仅揭示了中美两国在全球数字经济中的主导角色，而且通过统计方法验证了数字经济竞争力与整体经济发展之间的紧密关联性，为政策制定者提供了提升国家数字经济竞争力的策略性建议，为数字经济与国家发展关系的学术研究开辟了新的视角，具有较高的理论价值与实践指导意义。

在城市化进程与数字转型交织的背景下，《全球数字经济城市竞争力发展报告（2023）》创新性地提出了"城市数字竞争力"的学术概念，将其定义为城市在数字经济基础架构、应用实践、产出效益及治理效能等方面的综合表现与对外竞争力。研究报告基于一套科学的分析框架，对全球 30 座主要城市的数字经济竞争力展开评价，不仅提供了对城市数字经济各领域绩效的全面审视，还通过首尔、洛杉矶、悉尼等城市的数字战略案例分析，深化了对数字经济驱动城市发展的内在机制理解，为城市数字化转型的学术研究与实践探索提供了宝贵的案例素材与理论支撑，进一步提升了学术界对城市数字经济竞争力重要性的学术认知。

此外，《全球数字经济企业竞争力发展报告（2023）》从企业层面出发，构建了一个涵盖规模、效率、创新与成长四大维度的评价指标体系，对全球数字企业的竞争力进行了全面评价。该研究不仅发现了苹果、亚马逊、微软等全球数字领军企业的竞争优势，还揭示了美国、中国、日本在全球数字经济企业竞争版图中的核心地位，为数字企业竞争力研究提供了丰富的数据资源与实证分析基础，对数字经济时代下企业发展战略、国际竞争态势及产业升级路径的学术研究具有重要参考价值。

综上所述，该成果通过构建全球数字经济国家、城市、企业三个层面的竞争力评价模型，采用最新的全球数字经济数据，开展了对数字经济竞争力的多维度、多层次定量评估与特征分析，不仅为全球数字经济的发展全景描绘了一幅清晰的图像，而且为数字经济领域的学术研究贡献了重要的理论框架、数据资源与实证案例。

二、实践性

数字经济已成为全球竞争的核心高地，各国正加速布局，通过制定战略规划、法律法规、国际合作框架及建立产业联盟，力求在全球数字经济版图与治理体系中占据先机。国家层面的分析揭示，数字经济呈现"一超多强"格局，而竞争焦点逐渐转向数字产业与创新能力。尽管目前国家间设施与治理方面的差距相对较小，但在长远视角下，健康、可持续且高质量的数字经济发展，离不开坚实的数字环境基础。面对大数据、AI等技术引发的伦理挑战，强化数字经济治理能力成为各国的共同议题。研究报告的国别篇进一步详细分析了2023年中国、美国、印度、新加坡、以色列、俄罗斯、乌兹别克斯坦、匈牙利的数字经济发展情况，为制定国家发展战略提供了宝贵参考。

数字经济的全面深化是一个长期且复杂的系统工程，它要求数字技术与经济深度融合的同时，必须辅以制度与流程革新、经济结构转型等互补性资产。鉴于数字技术对社会可能产生的正负两面影响，数字治理成为关乎民众福祉的重大议题。在城市维度方面，研究报告基于数字竞争力理论框架，选取全球30座城市，围绕数字基础与治理、人才储备、创新活力三大支柱，综合评估其数字经济竞争力。分析涵盖城市得分、分组对比、投入产出效率及生产率等，并以首尔、洛杉矶、悉尼为例，探讨其数字战略特色。这不仅解答了城市在数字经济基础设施、人才、创新方面的差异化表现，还揭示了哪些城市在数字产业发展上更具效率和潜力，以及国际城市数字化转型的独特路径。最终，研究报告提出了"以人为本的数字化发展、强化数字产业根基、优化创新创业生态"等政策导向，为城市政策制定提供了具体指导。在研究报告的城市篇中，针对上海、纽约、伦敦、东京四大城市进行了详细分析，为城市层面的数字经济战略规划提供了实用的指导。

2022年，全球数字企业持续蓬勃发展，众多企业脱颖而出，展现出强劲的增长势头。研究报告沿用了既往的研究方法，对世界各地区数字企业的竞争力进行了全面更新，旨在保持评估体系的连贯性，精准捕捉并反映全球数字企业与数字经济的新趋势。此竞争力评价不仅为企业战略规划与投资决策提供了实战导向的参考，还通过对规模竞争力、效率竞争力、创新竞争力和成长竞争力四个方面的深入分析，指导了企业的日常运营与长远发展路径。AIGC大模型的快速发展，开启了人工智能发展的新纪元，数字化转型的加速和信息科技竞争的加剧，使芯片成为数字时代的基石。鉴于此，研究报告在产业分析篇章中，深度聚焦人工智能产业与芯片产业，强调了 AIGC 大模型对于推动 AI 技术前沿发展的重要性，为深入理解当前人工智能领域的最新动态提供了宝贵洞见。系统梳理了主要国家和地区在芯片产业的战略布局，并对芯片产业的未来走向进行了前瞻预测，为行业内外人士把握产业发展脉络、制定前瞻策略提供了实践支撑。

三、规范性

该成果的选题聚焦于数字经济，这是一个与当前全球经济发展紧密相关的热点领域，其中对数字经济、竞争力等核心概念进行了明确的定义和解释，确保了概念的清晰性和准确性。在论述数字经济的各个方面（如设施、产业、创新、治理）时，逻辑关系严密，能够清晰地展示不同因素之间的相互作用和影响。

在研究方法上，研究报告构建了科学的评价指标体系以量化竞争力，详尽阐述了数据收集、处理与分析的全过程，包括标准化数据处理、加权综合评分等步骤，确保了研究的透明度和客观性。同时，报告采纳了国际电信联盟数据库、世界银行 WDI 数据库等权威数据源，强化了数据的准确性和报告的规范性，进一步提升了研究结果的可靠性。在评价策略上，综合指数评价与专家咨询相结合，进一步保障了评价结果的科学与客观。

在文字表达方面，研究报告表述清晰、专业，遵循学术规范，既保证了内容的精确性，又便于读者理解。其结构紧凑，逻辑顺畅，引导读者跟随笔者思路，深入理解研究精髓与结论。无论是理论阐述、研究方法、数据运用还是文字表述，报告均展现出高度的规范性，是严谨的学术研究成果。

四、创新性

该成果在理论视角、研究方法、数据使用和政策建议方面都展现了一定的创新性。在国家竞争力方面，提出了一个全面的数字经济国家竞争力指数框架，包括数字设施、产业、创新和治理四个维度，且在评价指标体系中增加了隐私安全和知识产权保护力度两个新指标，以适应数字经济的最新发展态势。在城市竞争力方面，将数字经济的竞争力与城市的可持续发展相结合，强调了数字化转型对于提升城市生活质量和经济活力的重要性。研究报告以首尔、洛杉矶和悉尼为例，分析了城市数字战略的特色，提供了深入的案例研究。在企业竞争力方面，通过分析全球数字企业的竞争力，提出了企业在数字经济时代成功的关键因素，在传统的规模和效率指标之外，特别强调了创新竞争力和成长竞争力，以适应数字经济的快速发展和变化。

研究报告采用了比较分析的方法，通过对比不同国家、城市或企业在数字经济竞争力上的表现，揭示了各自的优势和不足。整合了不同来源的数据，如国际组织、政府统计、企业年报等，这些数据的综合使用为研究提供了全面的视角。最后在国家层面提出了加强数字治理体系建设、提高科技伦理风险应对能力等政策建议；在城市层面提出了数字化以人为本、夯实数字产业基础、优化数字创业创新环境等政策建议；在企业层面提出了加强研发投入、推动技术创新、拓展国际市场等建议。

成果编号：B03

题目：中国区域创新能力评价报告（2023）

作者及单位：柳卸林、高太山、杨博旭、丁雪辰、常馨之、杨培培、刘文、徐晓丹、吉晓慧、马珑瑗，中国科学院大学中国创新创业管理研究中心

出版社：科学技术文献出版社，2023 年

内容简介：该成果从知识创造、知识获取、企业创新、创新环境、创新绩效五方面构建中国区域创新能力指标体系。该指标体系涵盖 5 个一级指标，20 个二级指标，40 个三级指标，138 个四级指标。研究报告基于该指标体系开展创新实力、创新效率和创新潜力三个层面的评价分析。

通过分析发现中国创新格局趋向稳定，但我国区域创新实力、创新潜力、创新效率方面存在较大的异质性。大省大市创新实力优势明显且保持稳定，广东、北京、江苏、浙江和上海的创新能力处于稳定领先水平，但东三省的地区差异性依然较大。

该成果基于翔实的数据、科学的指标体系呈现了不同地区创新能力的发展情况，丰富了国家创新体系在地理层面的研究，有助于推动创新资源配置的均衡化发展。该成果详细展示了我国不同地区区域创新能力的综合指标排名、实力指标排名、效率指标排名、潜力指标排名，并基于定量研究分析了创新能力与经济发展、居民消费及教育水平之间的关系，科学总结创新能力强弱的决定性因素，对国家及各级政府完善创新政策支持，优化促进创新的体制机制等政策制定提供了重要参考。

关键词：创新能力；区域；创新实力；创新效率；创新潜力

一、思想性

该成果通过构建指标体系、采集数据、指标测算，从创新能力综合指标、创新实力、创新潜力、创新效率四个方面，多层面、结构性展示了我国区域创新能力的发展现状与动态演变趋势。研究发现，我国通过加快构建及合理布局各级科技创新中心，已取得良好成效，科技创新中心遍布东西南北中各个区域，如京津冀地区的北京、长三角地区的上海、南部的粤港澳大湾区、西部的成渝双城经济圈、长江经济带的武汉等；我国区域创新格局趋于稳定，大省大市创新优势依然明显，长三角、珠三角和北京市创新效率处于领先地位，中西部地区创新潜力领先；我国区域创新能力发展趋向均衡，区域差距缩小。

该成果加深了对区域创新能力的系统认识。一是创新能力指标涵盖全面，不仅从知识创造、知识获取、企业创新、创新环境、创新绩效五个方面综合测算区域创新能力，而且从创新实力、创新效率、创新潜力三个层面深度刻画创新能力。基于客观数据构建的综合性指标对各区域创新发展过程（创新效率）、结果（创新实力）进行诊断，又通过创新能力发展速度推测创新潜力，视角全面，分析深入。二是从横向区域对比和纵向发展趋势两方面分析区域创新能力的整体概况、结构特点和区域演变规律，清晰呈现创新能力的发展异质性和动态性。三是基于数据分析了创新能力的决定性因素，全面考虑创新体系建设、创新链条建设、创新环境建设、创新基础等要素系统性构建创新能力综合指标，能够深化对地区创新发展模式的全面认识，更好地指导创新实践。

该成果的选题具有重要的现实意义，区域创新能力的指标构建思路、区域创新能力的决定性因素分析具有较高的思想性。在人工智能飞速发展的时代背景下，科技创新是国家竞争力的核心与关键。该成果对区域创新能力的过程—结果—潜力三种状态进行测算，并从知识创造、知识获取、企业创新、创新环境、创新绩效五个维度进行解构，对于全面认识区域创新模式具有重要的思想性。该成果基于多维客观数据与科学的指标构建方法，采用图表方式对各区域创新能力发展现状、相对位置、发展趋势、创新能力决定性因素进行多维展现，对于各地区全方位认清自身创新发展优势、劣势，及时挖掘发展潜力，积极应对发展挑战，具有重要的指导意义。

二、实践性

该成果在学习借鉴国内外知名报告中创新能力评价指标构建理论与方法的基础上，遵循重视区域创新体系建设、区域科技创新的链条建设、创新环境建设，以及兼顾地区发展存量、相对水平和增长率四个原则，构建区域创新能力指标，综合应用多层面复合数据，开展区域横向对比和纵向发展态势的分析思路符合不同地区发展基础、发展现状参差不齐的复杂客观现实，得出的研究结论能够被实践检验。该成果不仅详细说明了指标体系的构建过程、数据来源、基础指标、数据处理细节，而且报告了不同地区在创新能力综合指标、实力指标、效率指标、潜力指标的得分情况，并用图表方式全面呈现了创新能力基础指标的实际数值，具有很强的可检验性和可复制性，为该成果得出的研究结论、政策建议提供了有力的数据支撑。

该成果具有较高的实践指导意义。一是从横向区域对比和纵向发展趋势对比两方面综合呈现区域创新能力发展结构性、规律性特点，基于横向和纵向对比以及扎实数据测算得出的政策建议针对性更强，既能通过横向对比帮助区域找准自己的结构位置，及时对标创新能力较强的地区，又能基于自身创新能力发展规律及时科学研判，找到最佳发展策略，具有较高的针对性和实用性。二是在创新能力各分级指标情况与变迁规律之外，该成果进一步通过数据总结创新能力的决定因素，为不同地区根据自身情况制定针对性策略，切实提升创新能力提供了重要参考。该报告基于文献与理论梳理，在科技基础方面总结了教育资源、创新投入及基础设施两大因素，在经济基础方面总结了市场经济成熟度、对外开放程度两个因素，在主体意愿方面总结了企业创新动力因素，并结合数据、政策、实践分别总结了广东、北京、江苏、浙江、上海、山东、安徽七个创新能力领先区域的创新发展策略与创新引领因素，为其他地区结合自身特点制定有效策略，提升创新能力提供了有理有据、丰富多样的发展建议。

三、规范性

该成果构建了区域创新能力评价指标体系的理论论述规范。其一，对国内外知名报告中创新能力评价指标体系中的指标层级、维度、数量以及评价方法进行综合梳理，如《中国创新指数》《中国城市创新报告》《国家创新指数》《世界竞争力年鉴》《全球竞争力报告》《创新性联盟指数》《全球创新指数》等，确保不遗漏关键指标，兼顾国际国内共识，并结合我国区域创新体系特征进行动态调整，采用最适切的评价方法。其二，基于科学的创新发展理论确立构建区域创新能力框架的四项基本原则，即重点考虑区域创新体系建设情况、科技创新的链条建设、创新环境建设、地区发展基础，其中地区发展基础方面重点从地区发展存量、相对水平和增长率三个维度入手，确保指标体系构建的理论科学性、实践契合性。其三，详细阐释一级指标的具体内涵，深化数据指标的现实含义，厘清指标的外延，确保没有重叠与遗漏。该报告详细阐释了区域创新能力评价指标的 5 个一级指标，即知识创造、知识获取、企业创新、创新环境和创新绩效，以及创新实力、创新效率、创新潜力的实际内涵，阐明数据指标的重要内涵，便于读者准确理解指标含义，科学理解研究结果，得出发展启示。如知识创造指通过数据衡量得到的一个地区创造新知识的能力，知识获取指数据测算到的一个地区利用外部知识产学研合作的能力等。

该成果的研究方法选择恰当，数据翔实，数据处理科学规范，结果呈现与解读得当。其一，该成果明确列举了数据来源、基础指标，并详细说明了指标体系构成和数据处理细节。该成果通过列表形式呈现了构成区域创新能力综合指标的 5 个一级指标、20 个二级指标、40 个三级指标和 138 个四级指标，以及指标体系的实力、效率和潜力三个层次，并详细介绍了正效指标、负效指标、复合指标的计算方法，通过专家打分法确定指标权重，并进行分层逐级加权，数据处理规范恰当。其二，该成果的结果呈现与解读得当。该成果在附录部分详细展示了各区域在创新能力基础指标上的实际数值与相对位置，研究方法规范，数据处理方法得当、严谨准确，结果展现清晰，解读客观，不存在夸大、错误解读，符合定量研究的科研规范，符合科研诚信要求。

该成果的数据资料使用严谨准确。该成果采集了《中国统计年鉴》《中国科技统计年鉴》《中国高新技术产业统计年鉴》《中国火炬统计年鉴》《中国工业统计年鉴》《中国科技论文统计与分析报告》等数据，对正效指标、负效指标分别进行无量纲化处理，并对个别缺失数据进行平滑处理，数据处理方法规范得当。该成果的结构清晰、层次分明，论证充分，过渡自然，数据来源、指标构成、基础数据状况描述完整全面，文字表达简练精确易懂，可读性强。该成果按照创新能力综合指标、实力指标、效率指标、潜力指标的顺序，系统呈现区域创新能力指标得分、发展趋势等，然后综合分析了经济发展、居民消费、教育水平、研发投入金额、投入强度以及投入结构等重要因素与创新能力的关系，探寻造成区域创新能力现有格局的原因，层层深入，逐步推进。

四、创新性

该成果构建的区域创新能力指标具有理论视角上的创新。其一，基于知识生产、获取、应用的过程性视角构建了知识创造、知识获取指标，尊重科技创新的知识属性。其二，从实力、效率和潜力三个层次分解区域创新能力，不仅报告了发展结果的对比，还从效率层进行科学诊断，从创新潜力层进行科学研判，对区域创新能力开展科学、深入、系统的解构分析。

该成果采用科学指标体系构建与赋权方法，有效整合宏观经济、科技创新、企业创新、创新环境等多元数据，丰富了区域创新能力的测量范围、测算维度，并从实力、效率、潜力三个层面拓展了区域创新能力的测算内容。研究方法运用得当，数据基础扎实，研究发现有充分的依据。

该成果从整体性、发展性等方面对我国区域创新能力发展、效率诊断、潜力预判提出了重要政策建议，对不同地区根据自身基础、发展优势找准发展定位，积极推动科技创新提供了有益参考。在整体性上，该成果通过测算发现我国区域创新能力整体态势趋向稳定，地区间差异趋向窄化，区域创新实力趋向均衡，科技创新中心分布有序，京津冀、长三角、粤港澳大湾区、成渝双城经济圈均有较强引领性的科技创新中心。在发展性上，中西部地区的创新潜力巨大，东三省扭转创新能力发展速度落后趋势，处于追赶态势。

成果编号：B04

题目：世界湾区发展指数研究报告（2023）

作者及单位：陈金海，中国共产党深圳市委员会宣传部；范伟军，深圳市社会科学院

出版社：社会科学文献出版社，2023年

内容简介：2023年是《粤港澳大湾区发展规划纲要》颁布实施4周年。4年来，粤港澳大湾区建设在很多方面取得了阶段性进展，有力地促进了香港、澳门和内地经济加速融合，开创了经济发展新格局，形成了我国更高水平对外开放新格局。有鉴于此，2023年世界湾区发展指数研究采用包括文献综述、数据分析、案例研究、定量评价和政策研究等在内的多维度、多视角和多要素的方法，在进行广泛深入的文献整理、数据收集和综合分析的基础上，构建世界湾区现代化发展指数，为粤港澳大湾区未来发展提供有力支持。该成果对湾区的现代化发展进行了全面梳理，重点介绍了2022~2023年世界湾区发展指数分析结果；从粤港澳大湾区的国际化发展力重点研究视角，分析了大湾区国际化特征，并基于比较粤港澳湾区与世界三大湾区的国际化发展差距，提出了一系列战略选择。此外，该成果关注湾区的金融发展，分析了粤港澳大湾区的金融发展机遇与挑战，聚焦数字化发展，探讨了粤港澳大湾区如何迈入数字时代。该成果深入研究粤港澳大湾区的高等教育发展，强调高等教育与城市发展的紧密关系，为湾区的高等教育发展提供对策和建议，从国际视野中吸取经验教训，强调湾区生态文明建设的重要性，并提供战略思考，为粤港澳大湾区的可持续发展提供具体政策建议。该成果不仅关注湾区发展的具体问题，还提供了湾区发展的全球视野，有助于更好地理解湾区的现状、发展趋势，以及未来发展的机遇与挑战，为学术界、政策制定者、企业家和社会各界提供有益的信息和启示。

关键词：世界经济；经济发展；世界湾区发展指数；评价指标体系

一、思想性

该成果深入分析了粤港澳大湾区与全球其他知名湾区在现代化发展水平上的差异，并提出了粤港澳大湾区在科技创新、国际影响力等方面的提升策略。研究报告通过构建评价体系，量化分析了粤港澳大湾区在国际化、金融发展、数字化、教育和生态文明等关键领域的进展，并与其他湾区进行了对比。

研究得出的结论为粤港澳大湾区的发展提供了战略思考和行动方向，以期推动其成为高质量发展的示范地和中国式现代化的引领地。研究报告的理论论述体现了深刻的思想启发性，主要表现在以下几个方面：

第一，提供了区域协同发展的新视角。研究报告提出粤港澳大湾区的发展应超越单一城市的视角，强调区域整体协同的重要性。这种思想启发我们认识到，在全球化背景下，城市群的竞争力往往取决于区域内各城市间的协作和互补。

第二，开展了现代化进程的多维评估。研究报告通过构建包含经济、社会、生态、创新和国际等多个维度的评价体系，丰富了现代化理论的内涵，提供了一个更为全面的现代化发展评估框架。

第三，探讨了国际化与本土化的融合。研究报告在探讨粤港澳大湾区国际化发展的同时，强调了本土文化和特色的重要性，提出了国际化与本土化融合的发展思路。例如，研究报告强调了粤港澳大湾区提升国际化水平的策略选择，如建设国际科技创新中心和提升国际物流中心的功能。

第四，提出了可持续发展的实践路径。研究报告对生态文明建设的探讨，体现了可持续发展的理念，为如何在快速城市化和经济发展中实现环境保护和资源节约提供了实践路径，具有重要的理论意义和现实指导价值。

第五，剖析了科技创新的驱动作用。研究报告将科技创新作为推动粤港澳大湾区发展的关键因素，强调了科技创新在区域发展中的驱动作用。例如，研究报告指出粤港澳大湾区在科技创新方面具有显著的潜力，但与世界领先湾区相比仍有差距，启发决策者和研究者需要更加重视创新生态系统的构建。

第六，分析了高等教育与区域发展的互动。研究报告对粤港澳大湾区高等教育的分析，揭示了高等教育与区域经济发展之间的互动关系，为高等教育如何更好地服务于区域发展提供了理论支持。例如，研究报告提出粤港澳大湾区的高等教育发展需要更好地服务于区域经济发展。

第七，指出了数字化转型的战略意义。研究报告对数字化发展的探讨，体现了数字化转型在现代湾区发展中的战略意义，为理解数字化如何推动经济和社会变革提供了理论框架。例如，研究报告提出粤港澳大湾区应抓住数字化转型的机遇，推动数字经济的发展。这种战略视角体现了对当前技术革命趋势的深刻洞察，为如何在新一轮科技革命中抢占先机提供了思想指导。

这些研究结论不仅为粤港澳大湾区的未来发展提供了战略指导，也为其他地区在相关领域的发展规划提供了宝贵的参考和启示。

二、实践性

粤港澳大湾区作为中国经济发展的重要引擎，其发展水平直接关系到国家战略的实施效果和区域经济的全球竞争力。当前，粤港澳大湾区正处于关键的发展阶段，在国际政治经济环境复杂变化的背景下，迫切需要通过科技创新和区域协同来提升竞争力。该成果深入研究湾区的现代化发展水平，尤其是科技创新和国际影响力，为粤港澳大湾区的发展提供了重要的实践指导和策略建议，具有很强的现实意义和应用价值。研究报告聚焦于粤港澳大湾区这一国家战略，探讨其与全球其他知名湾区的比较和发展策略。这一选题直接关联国家经济发展、区域协同、国际竞争力等核心实践活动，具有强烈的现实关联性和重要的实践意义，不仅回应了当前中国乃至全球湾区经济发展的需求，也为相关政策制定和实施提供了直接的参考。

研究报告采用比较研究方法，以粤港澳大湾区与其他世界知名湾区为案例，基于大量的统计数据、政策文件和学术文献，构建了现代化发展水平的评价体系。在构建理论模型过程中，报告始终紧密结合粤港澳大湾区发展的实际情况，论述过程与区域发展的客观现实高度关联，体现了理论论证的现实性和实践性。研究报告中的理论论述紧密结合了粤港澳大湾区的实际情况，包括其经济结构、社会特点、文化背景和生态环境等。论述中采用的前提假设和分析框架均基于客观现实，如对湾区城市现代化发展水平的评估体系，确保了研究的科学性和实用性。

研究报告提出的理论和结论具有很高的可检验性。例如，通过构建的评价体系采用量化研究方法探索世界湾区的实际发展成果，这些量化指标和评价结果可以通过后续的数据收集和分析进行验证。此外，研究报告中提出的策略和建议有较高的可行性。

研究报告给出了一系列具体的政策建议。例如，建议政府在制定区域发展政策时，应充分考虑湾区的实际情况，加强区域间的协同合作；建议企业应加大科技创新投入，利用数字化转型提升竞争力；建议教育机构加强与产业界的合作，培养更多创新型人才。这些政策建议与报告的理论框架之间存在很强的逻辑联系，且符合当前区域发展的实际情况，对于推动粤港澳大湾区的可持续发展具有重要的实践指导意义。

综上所述，研究报告在选题、理论论述、可检验性以及研究结论或政策建议的实践指导意义等方面均表现出高度的实践性，为粤港澳大湾区乃至其他地区的现代化发展提供了宝贵的理论和实践参考。

三、规范性

研究报告在规范性方面表现出色，具体表现在以下几个关键方面：

在理论论述的规范性上，研究报告聚焦于粤港澳大湾区与全球其他知名湾区在现代化发展水平上的差异，提出了粤港澳大湾区在科技创新、国际影响力等方面提升的策略。这种理论论述具有深刻的思想启发性，主要表现在提供了区域协同发展的新视角，强调了不同城市间合作的重要性。研究报告还提出了全面的现代化发展评估框架，不仅考虑经济指标，还包括社会、生态、创新和国际化等多个维度。此外，研究报告在探讨粤港澳大湾区国际化发展的同时，强调了本土文化和特色的重要性，提出了国际化与本土化融合的发展思路。研究报告的理论论述紧密结合了粤港澳大湾区的实际情况，包括其经济结构、社会特点、文化背景和生态环境等，确保了研究的科学性和实用性。

在研究方法的规范性上，研究报告采用比较研究方法，这一方法选择恰当，能够有效地揭示不同湾区之间的发展差异和特点。研究报告在使用比较研究方法的过程中，严格遵循了学术标准，从案例选择、数据收集到分析过程，均体现了规范性。特别是在数据收集和分析阶段，采用了多维度的评价标准，确保了研究结果的科学性和客观性。

在数据资料使用上，研究报告的数据资料来源广泛，包括最新的公开统计数据、政策文件、学术文献以及部分一手调研数据。这些数据的新颖性在于它们涵盖了粤港澳大湾区以及世界其他知名湾区的最新发展动态，为研究提供了丰富的、实时的信息资源。报告对数据的严谨使用和分析，确保了研究结果的准确性和可靠性。

在文字表达上，研究报告的语言表达流畅、精确，用词朴实易懂，使复杂的区域发展问题变得易于理解。无论是专业读者还是普通公众，都能从报告中获得有价值的信息和见解。

在符合科研诚信准则上，研究报告在撰写过程中严格遵守了科研诚信准则，包括数据的真实性、引用的准确性以及研究的客观性。研究报告中对研究局限性的讨论和未来研究方向的建议，体现了研究的透明度和负责任的态度，符合科研诚信的要求。

研究报告的规范性不仅体现在理论论述、研究方法、数据资料使用、文字表达以及科研诚信等方面，还体现在其对实践的深刻洞察和对政策制定的有力支持。通过系统比较粤港澳大湾区与世界其他知名湾区的发展状况，拓展了全球湾区比较研究的范畴，为学术界提供了一个全面评估不同湾区现代化发展水平的新视角。深入探讨了粤港澳大湾区在中国区域发展战略中的地位和作用，有助于学者和决策者更好地理解国家战略背后的逻辑及其对区域发展的影响。通过识别粤港澳大湾区在各个领域的优势和不足，为政策制定者提供了宝贵的参考信息，有助于制定更加精准有效的区域发展政策，推动粤港澳大湾区的可持续发展。

四、创新性

该成果的创新性体现在理论视角、研究方法等多个方面。

新的理论视角。研究报告从全球湾区的比较研究中总结分析粤港澳大湾区的独特地位和战略价值，提出了基于区域协同和政策支持的现代化发展理论框架。这一理论框架不仅涵盖了传统的经济发展维度，还融入了社会、生态、创新和国际化等多个维度，为理解区域发展提供了更为全面的视角。研究报告还特别强调了数字化转型在推动区域发展中的关键作用，为数字经济时代的区域发展研究提供了新的理论支撑。

新的研究方法。研究报告采用了跨学科的研究方法，结合经济学、社会学、生态学等多个学科的理论和方法，对粤港澳大湾区的发展进行了综合性分析。这种方法突破了传统区域经济研究的单一学科局限，为区域发展的复杂性提供了更为深入的理解。此外，研究报告还运用了定量与定性相结合的研究方法，通过构建评价体系和进行案例分析，增强了研究的科学性和说服力。

新的数据。研究报告在数据收集和分析方面展现了创新性。不仅利用了最新的统计数据和政策文件，还结合了一手调研数据，包括企业访谈、专家意见等，为研究提供了更为丰富和立体的数据支持。这些数据的新颖性和多样性为报告的结论提供了坚实的基础，并增强了其现实意义和应用价值。

新的政策建议。研究报告在政策建议方面具有创新思路。不仅关注如何提升粤港澳大湾区的经济发展水平，还强调了社会、文化、生态等多方面的协调发展。研究报告提出的政策建议涉及区域协同、科技创新、数字化转型等多个层面，为粤港澳大湾区乃至其他地区的可持续发展提供了新的政策工具和思路。这些建议不仅基于深入的理论分析，还充分考虑了实际操作的可行性，为政策制定者提供了切实可行的参考。

综上所述，研究报告在理论视角、研究方法、数据使用和政策建议等方面均展现了显著的创新性，为区域经济研究领域提供了新的理论和实践参考。研究报告的创新性不仅体现在其对现有知识的拓展和深化，还体现在其对现实问题的深刻洞察和对未来发展趋势的预见。通过提出新的理论框架、采用新的研究方法、利用新的数据资源，并给出新的政策建议，研究报告为粤港澳大湾区乃至全球湾区的现代化发展提供了宝贵的思想资源和行动建议。

成果编号：B05

题目：2023 世界开放报告

作者及单位：张宇燕，中国社会科学院世界经济与政治研究所；顾学明，虹桥国际经济论坛研究中心

出版社：中国社会科学出版社，2023 年

内容简介：《2023 世界开放报告》以科学性、国际性、权威性原则，展开世界共同开放的大叙事。研究报告构建了世界开放指数，从经济、社会、文化、政策、绩效等维度衡量各经济体的开放程度，一定程度上填补了研究空白；强调了开放与安全的辩证关系，认为开放可增强维护安全的能力，通过增进互信、深化利益捆绑，获得稳定的外部环境。数字经济和绿色贸易作为新引擎和新赛道，推动国际经贸合作，开拓新局面。新兴市场和发展中国家在全球价值链中的作用越来越大，推动经济全球化走向开放、包容、普惠、平衡与共赢。研究报告还探讨了共建"一带一路"倡议对实现联合国 2030 年议程的贡献，以及中国式现代化对建设开放型世界经济的机遇。研究报告呼吁，要开放不要封闭，要合作不要对抗，要共赢不要独占，共同追寻人类美好梦想。

关键词：开放；世界开放指数；合作；发展

一、思想性

《2023 世界开放报告》通过构建世界开放指数，综合评估了全球各经济体在经济、社会、文化等多个维度的开放程度；分析了后疫情时代全球开放趋势的变化，揭示了不同国家和地区之间开放态势的分化；提出了加强国际合作、推动数字经济和绿色贸易发展的政策建议，以促进开放型世界经济的建设。

该成果的选题具有重要的学术和实践意义。它通过系统地衡量和比较全球各经济体的开放程度，为学术界提供了一个全新的视角来理解全球化的趋势和影响。该成果的评价不仅涵盖传统的经济指标，还包括社会、文化等多个维度，从而为研究全球化提供了更为全面和深入的分析框架。研究报告对开放与安全、数字经济、绿色贸易等重要议题的探讨，有助于学术界更深入地理解这些领域之间的复杂关系和相互作用。特别是在当前全球经济面临多重挑战的背景下，这些议题的研究对于理解全球经济的动态变化和制定有效的应对政策具有重要的启发作用。研究报告提出的政策建议和对未来发展路径的展望，为学术界和政策制定者提供了宝贵的参考。这些建议基于严谨的数据和科学的分析，有助于推动学术界对全球开放政策效果的进一步研究，同时为政策制定者制定和调整开放政策提供了实证基础。基于此类研究，学术界能够更准确地预测和解释全球开放趋势，为全球经济的可持续发展提供理论和实践上的支持。

该成果的理论论述具有一定的思想价值，为理解和应对全球化挑战提供了深刻的洞见。研究报告不仅提出了新的理论视角，还通过具体的实例展示了其思想性。例如，研究报告提出在全球化的大背景下，开放型世界经济的建设对于促进全球经济增长和繁荣至关重要。这一观点强调了开放政策在推动国内外发展中的重要作用，为如何在复杂多变的国际环境中坚持开放提供了理论支持。又如，研究报告中关于数字经济和绿色发展的讨论，体现了对全球化新趋势的深刻理解。研究报告指出，数字经济和绿色贸易不仅为全球经济增长提供了新动力，也为国际合作开辟了新领域。这些分析为理解和把握全球化的新机遇提供了新的视角。研究报告中关于开放与安全关系的论述，提出了在全球化背景下平衡开放与安全的新思路。研究报告强调，开放并不一定带来不安全，而是可以通过提高国家的开放能力来增强维护安全的能力。这一理论框架为如何在维护国家安全的同时推动更高水平的开放提供了有益的思考。因此，《2023 世界开放报告》不仅在理论上具有创新性，而且在实践层面提供了指导性建议，为全球化研究和政策制定提供了宝贵的思想资源。

该成果的研究结论对相关细分领域具有显著的启发性，推动了对这些领域更深层次的理解和探讨。首先，研究报告对世界开放指数的分析揭示了全球开放水平的变化趋势和不同经济体之间的差异，这为国际经济学和全球治理研究提供了新的量化工具和分析框架。例如，研究报告提出尽管全球开放指数整体呈下降趋势，但新兴经济体和发展中国家的开放程度有所提升，这一发现有助于研究人员进一步探讨不同地区开放动态的原因和影响。其次，研究报告对数字经济和绿色贸易的讨论为这两个快速发展的领域提供了新的研究方向。例如，研究报告提出数字经济的增长和绿色贸易的扩张为全球开放合作提供了新的机遇，这启发了学者和政策制定者探索如何通过这些新兴领域促进可持续发展和经济繁荣。再次，研究报告对全球产业链供应链的分析强调了在全球化逆流中维护这些链条稳定性的重要性。例如，研究报告提出通过共同开放提升全球产业链供应链的韧性，这一结论鼓励研究人员和决策者思考如何在全球化的新形势下加强国际合作，保障全球经济的稳定和安全。最后，研究报告对开放与安全关系的探讨为国际关系和安全研究提供了新的视角。例如，研究报告提出在开放与安全之间寻求高水平的平衡，这一结论促使人们重新思考如何在全球化的背景下实现国家的安全和发展目标。

综上所述，《2023世界开放报告》的研究结论不仅为学术界提供了新的研究思路，也为政策制定者提供了宝贵的决策参考，对于推动相关细分领域的发展具有重要的启发性作用。

二、实践性

《2023世界开放报告》的实践性在多个层面上都得到了体现。

首先，选题的实践性。研究报告聚焦全球化这一关乎世界各国共同命运的重大议题，选题本身具有强烈的现实关联性和紧迫性。在当前全球经济面临复杂多变挑战的背景下，探讨如何通过开放合作促进共同发展，不仅具有理论研究的价值，更具有指导实践的意义。报告通过科学的研究方法，为理解和推动全球开放合作提供了有力的理论支撑和实践指导。

其次，理论论述符合客观现实。研究报告的理论论述紧密结合了当前全球化的实际情况，如全球开放指数的构建和分析，不仅基于科学的开放理论，还采用了规范得当的统计学方法，并采集了来自国际权威机构的客观数据。这种理论与现实的紧密结合，确保了研究报告的论述既科学又具有现实基础，能够真实反映世界开放的现状和趋势。

再次，研究报告提出的理论和结论具有明确的可检验性。例如，研究报告中提出的世界开放指数，可以通过收集和分析新的数据进行验证和更新。此外，研究报告提出的一系列政策建议可以在实践中得到进一步检验，从而为政策制定和调整提供依据。

最后，研究报告的结论和政策建议具有很强的现实指导意义。不仅分析了全球开放的现状和问题，还提出了具体的对策和建议，如加强数字经济和绿色贸易的国际合作，以及在开放与安全之间寻求平衡等。这些结论和建议为各国政府和国际组织推动开放合作提供了实用的指导和参考，有助于解决现实问题，促进全球经济的稳定和发展。

综上所述，《2023世界开放报告》的实践性体现在其选题的相关性、理论论述的现实基础、结论的可检验性以及政策建议的实用价值上。报告不仅为学术研究提供了新的视角和工具，更为政策制定和执行实践提供了科学的指导和建议，具有重要的实践意义和应用价值。

三、规范性

《2023世界开放报告》在规范性方面展现了学术研究的严谨性。研究报告聚焦于全球化这一核心主题，系统地探讨了开放型世界经济的构建。在概念的界定上，报告清晰准确地表达了"世界开放指数"等关键概念的含义，并通过科学的逻辑推理，严密地论述了这些概念之间的内在联系和逻辑关系。这种规范性的理论论述为理解全球化提供了清晰的框架。研究报告采用了科学的研究方法，包括构建世界开放指数并进行比较分析等，这些方法的应用恰当，符合国际经济学和相关领域的学术标准。研究报告在数据处理和分析过程中严格遵循了科学研究的规范，确保了研究方法的科学性和有效性。研究报告使用了来自联合国、世界贸易组织、世界银行等国际权威机构的客观且权威的数据。在数据的采集、处理和呈现上，研究报告都展现出了严谨的态度，确保了数据的真实性和准确性，为报告的结论提供了坚实的基础。研究报告的文字表达清晰、准确，逻辑性强，使复杂的数据和理论分析能够为广大读者所理解。研究报告在语言的使用上追求通俗易懂，避免了过度的学术术语，使研究报告的受众不限于专业学者，也包括政策制定者和普通公众。研究报告在撰写过程中严格遵守了科研诚信的准则，包括数据的真实性、引用的准确性以及研究的客观性。研究报告对研究局限性的讨论和未来研究方向的建议体现了研究的透明度和负责任的态度，符合科研诚信的最高标准。

综上所述，该成果在理论论述、研究方法、数据资料使用、文字表达以及科研诚信等方面均展现了高度的规范性，为相关领域的学术研究和政策制定提供了严谨的理论和实践参考。

四、创新性

《2023 世界开放报告》的创新性体现在理论视角和数据处理等方面。

在新的理论视角方面，研究报告提出了一个新的理论视角，即通过构建世界开放指数来衡量各经济体的开放程度。这一指数提供了一个全面的框架来评估经济、社会、文化、政策和绩效等多个维度的开放性。研究报告还提出了"合意开放度"的概念，强调了开放能力与经济发展之间的平衡，这一理论创新为理解全球开放趋势提供了新的分析工具。

在新的数据方面，报告不仅使用了传统的数据源，还通过预估方法处理了数据缺失的问题，使研究报告能够提供最新的开放指数。这种数据的处理和呈现方式，提高了数据的可得性和报告的实用性，为政策制定者和研究人员提供了宝贵的信息资源。同时，研究报告展示了大量的数据，包含了多年的多个国家世界开放指数对比，一目了然，辅以不同的指标解释、图表参考，增强了研究的透明度，使读者和研究人员可以清楚地看到评估开放程度的依据，确保了研究的科学性和严谨性，同时为政策制定者提供了重要的参考，帮助他们基于实际情况制定或调整开放相关的政策，以促进经济发展和社会进步。

在新的政策建议方面，报告提出了一系列新的政策建议，强调了在数字经济和绿色贸易领域推动国际合作的重要性。报告建议各国政府建立政策体系以支持企业利用数字技术进行创新，并加强数据隐私保护，提高数据安全。这些建议不仅基于报告的理论分析，而且考虑了当前全球经济的实际需求，为实现更加开放、包容和可持续的全球经济提供了切实可行的方案。

综上所述，《2023世界开放报告》在理论视角、研究方法、数据处理和政策建议等方面均展现了较高的创新性，为全球开放的讨论提供了新的分析维度和深刻的见解。报告不仅增进了对世界开放趋势的理解，而且为促进全球合作和经济发展提供了有价值的指导。

第七章 评价实践（三）：
高质量学术专著评价

  学术专著是重要的研究成果类型，通常体系化地提出重大理论和方法创新；学术专著也是研究人员学术能力的关键证明，常被视作科研人才的代表作。学术专著一般理论严密、内容丰富、体系完备，对某个领域或某类问题做出深入系统的研究，具有较高的学术价值。高质量的学术专著在促进学科建设、推动学术发展、增强话语表达等方面具有重要作用。本章以经济学科为例，对高质量学术专著进行评价研究。首先，在经济学科相关领域内，经专家推荐评审，确定一批高质量学术专著作为评价对象。其次，依据评价标准，由学科专家和评价委员会共同评选出"示范性高质量学术专著"。最后，由评价委员会根据哲学社会科学高质量学术成果的概念内涵，对示范性成果进行系统性的评价研究，阐释研究成果在思想性、实践性、规范性、创新性等方面的优势和特色，更充分地发挥示范性高质量学术专著在引领哲学社会科学正确发展方向中的积极作用。①

第一节 评价过程和结果

  本章对 2023~2024 年出版的经济学科学术专著进行评价研究。在评价期内出版的学术专著中，由学科专家推荐，经评审委员会讨论，确定一批研究质量较

---

  ① 需要强调的是，本章在理论上探讨哲学社会科学成果评价体系和推介制度，以理论研究为直接目的，评价实践可以看作理论研究的一部分。因此，在对示范性学术专著做进一步系统性评价研究时，事实上在操作层面，笔者参考专家提出的意见，整理成对应章节的内容。当然，如果使用本文给出的评价体系进行学术成果评价，完全可以按照评价体系，由评价委员会直接给出对成果优势和特色的分析。

高的成果作为评价对象。评价委员会根据学科专家对高质量学术专著的评分，经过讨论评选出五部示范性高质量学术专著。表7-1列出了相关学术专著的信息。这些学术专著在研究主题上包括数字经济、中国经济增长潜力测算、机器人产业、中国经济高质量发展、绿色经济等领域。研究主题与我国经济社会发展密切相关，属于重大理论和实践问题，并且研究成果均有较完整的理论体系，对研究的问题进行了较深入系统的分析，理论框架清晰和逻辑论证严密；研究方法规范严谨，体现了良好的学术素养，作为示范性高质量学术成果展示出较强的学术引领力。依据高质量学术成果评价体系，由相关学科专家对示范性研究报告从思想性、实践性、规范性、创新性这四个方面做进一步评价研究，明确指出研究成果的优势和特色，充分发挥高质量学术专著的示范效应。

需要强调的是，本章的研究目标是在理论上探讨优秀研究成果的评价体系和推介制度，文中的评价实践本质上是对评价理论和评价体系的一种研究检验，类似于对"原型系统"的测试，因此对于本章评选出的示范性高质量成果，仅说明这些研究成果在一定程度上符合本章提出的评价标准，而其他未被评选的研究成果并非必然地被排除在优秀成果之外。

表7-1　示范性高质量学术专著（经济学科2023~2024年）

序号	题目	出版社
1	数字经济推动经济高质量发展的机制及路径研究	人民出版社
2	中国经济增长潜力：测度判断与方向路径	人民出版社
3	中国的新技术与机器人产业态势研究——工作与闲暇共舞的科技未来	中国社会科学出版社
4	新时代中国经济高质量发展动能转换研究	经济管理出版社
5	双碳目标、绿色技术创新与制造业高质量发展	经济管理出版社

第二节　示范性高质量学术专著评价研究

依据评价标准，对各部示范性高质量学术专著的优势和特色进行系统性评价研究，凸显其在引领哲学社会科学正确发展方向中的示范效应。具体地，对各示范性成果的基本信息进行汇总，然后根据评价委员的意见，分别对每份研究成果从思想性、实践性、规范性、创新性四个方面进行评价。

成果编号：C01

题目：数字经济推动经济高质量发展的机制及路径研究

作者及单位：钞小静，西北大学经济管理学院

出版社：人民出版社，2024 年

内容简介：数字经济作为推进经济增长和高质量发展的新引擎，已成为中国经济高质量发展的重要力量。该成果按照"理论研究—实践研究—政策研究"的逻辑来展开研究：第一层次从条件、过程和结果三个维度出发构建数字经济影响经济高质量发展的理论框架；第二层次分别从数字技术、互联能力、网络溢出来探讨我国数字经济对经济高质量发展条件、过程、结果影响的作用机制；第三层次依据理论机理与实践研究结果，探索刻画数字经济推动我国经济高质量发展的实现路径。

关键词：数字经济；高质量发展；作用机制

一、思想性

该成果研究了数字经济推动高质量发展的作用机制及实现路径问题。首先，构建了数字经济影响经济高质量发展的理论框架；其次，开展了数字经济综合评价、数字经济高质量发展综合评价、数字经济影响经济高质量发展的实证评价；再次，研究了数字经济影响经济高质量发展的扩散机制、协同机制、倍增机制；最后，研究了数字经济推动经济高质量发展的实现路径。

研究数字经济推动高质量发展的作用机制及实现路径问题具有重要的现实意义和理论意义。数字经济作为经济增长的新动能，对增强发展新动能、提升发展韧性、畅通发展循环具有重要作用。数字经济的发展为经济增长理论、产业升级理论等提供了新的研究对象和案例，推动了经济理论的创新和发展。因此，该成果的选题，不仅对指导实践、推动经济发展具有重要价值，也对理论创新和学科发展具有深远影响。

该成果的理论框架构建具有一定的思想性。首先，该成果指出现有研究主要基于经济发展过程和经济发展结果两个维度对经济高质量发展的理论内涵进行界定，应该在此基础上补充发展条件，基于"发展条件—发展过程—发展结果"三个维度理解理论内涵。该成果基于此展开了理论内涵，并具体构建评价体系，相关论述具备一定的启发性，但仍有进一步深化和拓展空间。其次，该成果展开论述了经济影响经济高质量发展的扩散机制、协同机制、倍增机制，论述相对翔实，如提出数字经济的技术集成渗透特征刻画以要素集聚效应与组织匹配效应推动经济高质量发展的扩散机制；又如，立足数字经济的人、机、物互联互通特征，梳理以生产交互效应与市场整合效应驱动经济高质量发展的协同机制；再如，基于数字技术与互联能力的正反馈溢出特征讨论以网络扩张效应、网络关联效应、网络整合效应促进经济高质量发展的倍增机制。这些研究对高质量发展具有一定的启发性。

在研究结论方面，基于技术扩散视角，数字经济主要通过创新要素的集聚与创新组织的匹配促进经济高质量发展；基于互联融合视角，数字经济通过发挥供给侧生产协同效应和需求侧市场整合效应，促进产业变革调整与贸易转型提升，进而构建经济高质量发展的新引擎；基于网络倍增视角，进一步揭示了数字经济从网络扩张、关联以及整合效应三个渠道形成正反馈溢出，从而实现经济发展成效向高质量转变。研究结论为数字经济的各个细分领域提供了理论指导和实践方向，强调了创新、协同、整合和开放的重要性，为相关领域的政策制定、产业发展和学术研究提供了科学参考。

二、实践性

研究数字经济推动高质量发展的作用机制及实现路径问题，具有深远的实践意义。数字经济在推动经济高质量发展中发挥了关键作用，它不仅改变了生产和消费方式，还促进了创新和效率的提升，为构建现代化经济体系提供了强大动力。该成果通过剖析经济影响经济高质量发展的扩散机制、协同机制、倍增机制，挖掘出影响机制效能的关键影响因素，具体包括：创新要素的集聚与创新组织的匹配，供给侧生产协同效应和需求侧市场整合效应，网络扩张、关联以及整合效应。这些关键要素的发现，为现实实践中如何更好地发挥数字经济促进高质量发展提供了可供参考的思路和建议。

该成果围绕两个方面开展理论论述，一是基于"发展条件—发展过程—发展结果"三个维度理解理论内涵，二是具体论述数字经济影响经济高质量发展的扩散机制、协同机制、倍增机制。这些理论论述符合实际和客观现实，不仅与当前数字经济的发展趋势相符合，而且为数字经济的未来发展提供了科学的方向和路径，有助于实现可持续发展目标，具有一定的现实指导意义。

该成果开展了系列实证研究，包括中国经济高质量发展综合评价、数字经济影响经济高质量发展的扩散机制、数字经济影响经济高质量发展的协同机制、数字经济影响经济高质量发展的倍增机制。实证研究给出了明确的数据采集来源、采集范围、数据处理方式，具备可行性和规范性，确保了实证过程和实证结论的可检验性。

该成果基于实证结论进一步给出了具体的实现路径建议：一是完善科技创新体制机制，依托数字创新带动全局创新；二是加快数字经济和实体经济融合，推动数字化转型；三是构建数字网络生态，发挥网络倍增效应。这些实现路径建议与理论结论之间存在逻辑联系，为政府、企业和社会各界提供了明确的行动指南，有助于实现数字经济的健康快速发展，推动经济结构优化升级，提高经济的整体竞争力和可持续发展能力，对推动数字经济和实体经济深度融合、实现经济高质量发展具有一定的实践指导意义。

三、规范性

该成果在研究过程中紧密围绕核心议题，遵循了从理论到实践再到政策的逻辑顺序，确保了研究的深度和广度。首先，在理论研究阶段，探讨了经济高质量发展的内涵，同时对数字经济的内涵进行了清晰界定，分析了数字经济的特征，并基于此构建理论研究框架。其次，在实践研究阶段，成果通过实证分析，揭示了数字经济在推动经济高质量发展中的作用机制，为理解数字经济的实际影响提供了有力证据。最后，在政策研究阶段，基于理论和实践的分析，提出了一系列具有针对性的政策建议，如完善科技创新体制机制、加快数字经济和实体经济融合、构建数字网络生态等，旨在为政策制定者提供决策参考，推动数字经济健康发展。整个研究过程思路清晰、逻辑严谨，从理论阐释到实践分析再到政策建议，形成了一个完整的研究链条，确保了研究成果的科学性和实用性。

该成果在研究方法的选择和应用上展现了较高的规范性，通过综合运用多种研究方法，确保了研究结果的科学性和准确性。首先，通过归纳推理法，研究者从具体的数据和实例出发，提炼出数字经济影响经济高质量发展的一般性规律和逻辑机理，这种方法有助于从宏观层面理解数字经济的作用和影响。其次，统计分析法的采用使研究者能够定量测算我国数字经济的发展水平及其对经济高质量发展的贡献，通过数据的收集和分析，揭示了数字经济与经济增长之间的内在联系。再次，计量经济法的应用进一步强化了研究的实证基础，通过构建经济模型，并使用定量数据来验证数字经济对经济高质量发展的具体影响，这种方法能够提供更为精确的因果关系分析。最后，运用比较分析法从区域差异的角度，研究了不同地区数字经济发展和经济高质量发展的现状和特点，这种方法有助于识别和理解地区间的发展不平衡性，为制定差异化的政策提供了依据。综上所述，这些方法的综合运用不仅提高了研究的严谨性，也为研究成果的可靠性和有效性提供了有力支撑。

该成果的数据资料以统计年鉴、国泰安数据库、海关数据库、国研网国际贸易研究与决策数据库、EPS 数据库、世界贸易组织数据库、全球统计数据分析平台、中国研究服务数据平台、中国碳核算数据库等为主，数据的使用严谨规范，符合科学研究的相关要求。

该成果在语言表达清晰规范，符合学术要求。首先，语言流畅，有助于读者理解理论内容和研究结论。其次，成果中对标准学术术语的恰当使用，体现了笔者对专业领域的深入理解，同时也确保了学术讨论的严谨性和专业性。最后，行文风格的一致性为读者提供了连贯的阅读体验，使得各个章节和论点之间的衔接自然而紧密，有助于构建一个逻辑严密、结构完整的研究框架。

四、创新性

该成果的创新之处在于其采用了复合视角来深入分析和阐述数字经济如何通过扩散机制、协同机制和倍增机制对经济高质量发展产生影响。扩散机制探讨了创新要素的集聚与创新组织的匹配如何发挥作用，协同机制着重分析了供给侧生产协同效应和需求侧市场整合效应如何发挥作用，倍增机制则揭示了网络扩张、关联以及整合效应如何发挥作用。这些机制的提出，不仅丰富了数字经济理论的研究，也为制定促进经济高质量发展的政策提供了新的视角和思路。

此外，在研究方法方面，该成果利用大数据挖掘、神经网络自然语言处理技术等来克服数据获取的有限性与时滞性，采用纵横向拉开档次法提高评价度量的有效性与准确性，借助核密度估计、马尔可夫链方法、莫兰指数、社会网络分析和达格姆基尼系数等方法，深入分析数字经济与经济高质量发展的时空演进特征与区域差异，并进一步采用自举方法、倾向得分匹配、双重差分模型等方法精准识别出其具体的影响效应和作用机制。研究方法丰富，应用适宜，这些创新性方法的综合运用为研究提供了严谨的分析框架，为研究成果的科学性和实用性提供了保障。

成果编号：C02

题目：中国经济增长潜力：测度判断与方向路径

作者及单位：魏婕，南京大学数字经济与管理学院

出版社：人民出版社，2024年

内容简介：实现社会主义现代化远景目标需要一定的经济增长潜力作为保证。该成果立足于中国经济迈入新发展阶段的大背景，测算了到2035年中国实现社会主义现代化时的经济增长潜力。进一步考虑中国未来发展趋势以及增长潜力开发的三个维度：从技术追赶到技术前沿的演变中创新释放的能量是新发展阶段中国经济的新引擎；经济结构发生深刻变化带来的"结构红利"是新发展阶段中国经济的新动能；纠偏要素错配创造的配置效率提升是新发展阶段中国经济的新环境。同时，预测上述三种情形下中国经济未来的增长潜力将保持在5%左右的中速增长区间，这是中国稳步实现社会主义现代化远景目标的有力支撑。

关键词：数字增长潜力；基准模型；测算方法

一、思想性

该成果研究了中国经济增长潜力的测度判断与方向路径问题。首先，剖析了中国宏观经济环境变化以及传统测算方法的局限性，并基于此详细论述了宏观经济环境变化对经济增长潜力的计算方法和步骤。其次，构建了中国经济增长潜力估算和分析的基准模型，详细论述了基于贝叶斯—吉伯斯样本生成状态空间模型的经济增长潜力估算方法和逻辑，在基准状态下，测算了规模报酬不变和规模报酬变化情况下 1979~2020 年中国潜在产出的大小，并在此基础上对 2021~2035 年的中国经济增长潜力和发展趋势进行了预判。再次，分别基于技术赶超视角、结构优化视角、资源配置效率改善视角，对中国经济增长潜力开展估算和研判。最后，探讨了开发中国经济增长潜力的可行路径。

该成果的选题具有重要的理论研究与实践意义。该成果不仅深入分析了中国宏观经济环境的变化，而且识别和弥补了传统经济增长潜力测算方法的不足，提供了一种新的经济增长潜力估算框架。通过构建基于贝叶斯—吉伯斯样本生成状态空间模型的经济增长潜力估算方法，该成果能够更准确地捕捉经济增长的潜在趋势，为理解经济增长的内在动力和长期趋势提供了新的视角。此外，该成果从多个视角对中国经济增长潜力进行了综合评估，包括技术赶超、结构优化和资源配置效率改善，这有助于全面理解中国经济增长的多维潜力。最后，该成果探讨了开发中国经济增长潜力的可行路径，为政策制定者提供了实现经济高质量发展的具体指导，从而在理论和实践层面都具有重要的价值。

该成果的理论研究构建具有一定的思想性和启发性。传统经济增长的研究大多从内生经济增长理论出发，研究一国经济增长的变动规律，探讨影响经济增长的因素，总结经济增长的经验和教训，以期为更多的国家加快发展提供理论参考和借鉴。所以经济学长于"解释"，疏于"预测"，对一国或一地区经济增长潜力估算和预测的研究具备局限性。该成果认为，传统估算经济增长潜力的方法需要革新和修正，并提出基于贝叶斯—吉伯斯样本生成状态空间模型的经济增长潜力估算方法，不仅提高了经济增长潜力估算的准确性，还增强了模型的灵活性和适应性。这种方法能够更好地处理数据的不确定性和非线性特征，更准确地捕捉经济增长的潜在趋势和周期性波动。此外，该成果从多个视角对中国经济增长潜力进行了综合评估，这有助于全面理解中国经济增长的多维潜力，并为政策制定者提供了实现经济高质量发展的具体指导。这种创新性的研究和多维度的分析视角，不仅为经济增长潜力的估算提供了新的理论工具，也为其他国家和地区的经济增长研究提供了新的启示。

该成果提出，未来中国经济发展趋势以及经济增长潜力的开发应基于三个维度：一是从技术追赶到技术前沿的演变中创新释放的能量是新发展阶段中国经济的新引擎；二是经济结构发生深刻变化带来的"结构红利"是新发展阶段中国经济的新动能；三是纠偏资源错配创造的配置效率提升是新发展阶段中国经济的新环境。首先，创新释放的能量是新发展阶段中国经济的新引擎，这一点在当前全球科技飞速发展的背景下尤为重要，例如，人工智能作为新质生产力的代表，已成为驱动经济和社会创新的强大引擎，催生了众多新业态，如共享经济、智能制造、无人配送等，并成长为推动经济发展的重要力量。其次，该成果强调经济结构深刻变化带来的"结构红利"是新发展阶段中国经济的新动能，这与国家统计局提出的经济发展新动能指数相呼应，具备科学性。最后，该成果指出，纠偏资源错配创造的配置效率提升是新发展阶段中国经济的新环境。这一点与推动高质量发展重在提高资源配置效率的观点相符，提高资源配置效率是实现高质量发展的重要动力源泉。总体上，该成果的研究结论不仅在理论上具有创新性，而且在实践中具有指导性，对于挖掘中国经济发展潜力具有重要的现实意义。

二、实践性

该成果对中国经济增长潜力的测度判断与方向路径问题的深入研究，不仅在理论上具有创新性，而且在实践层面具有显著的指导意义。首先，通过定量分析数字经济与经济高质量发展的关系，为政策制定者提供了科学的决策依据，帮助政府更好地理解数字经济的发展趋势和潜力，从而制定出更加精准有效的政策来促进经济增长。其次，成果中提出的经济增长潜力估算方法，基于贝叶斯—吉伯斯样本生成状态空间模型，为经济增长潜力的测算提供了新的视角和工具。这种方法的提出，不仅丰富了经济学的研究方法，也为其他国家和地区的经济增长研究提供了新的启示。此外，成果还从技术赶超、结构优化和资源配置效率改善等多个视角对中国经济增长潜力进行了综合评估，这有助于全面理解中国经济增长的多维潜力，并为政策制定者提供了实现经济高质量发展的具体指导。综上所述，该成果的研究不仅在理论上具有创新性，而且在实践中具有指导性，对于推动中国经济实现高质量发展具有重要的现实意义。通过这些研究，可以更准确地把握中国经济增长的潜在动力，为未来经济政策的制定提供了科学依据，也为经济学研究提供了新的视角和方法。

该成果对中国经济增长潜力的测度判断与方向路径问题的深入研究，体现了对现实经济发展趋势的敏锐洞察和科学预见，符合现实实践与客观实际。首先，成果指出中国宏观经济环境的变化，如劳动力、资本、土地等要素价格的上涨，传统人口红利的消失，以及高投资模式的不可持续，这些都是中国经济发展进入新阶段的显著特征。这些变化表明，传统的经济增长模式面临挑战，需要新的方法来预测和评估未来的经济增长潜力。其次，成果对传统经济增长潜力测算方法的局限性进行了梳理，包括长期态势法、资源最大产出增长率、国际比较的外推方法和多维综合估算法等，这些方法在新的经济环境下可能不再适用。至此，成果提出的基于贝叶斯—吉伯斯样本生成状态空间模型的经济增长潜力估算方法，是对现有测算方法的重要创新和补充。这种方法能够更准确地捕捉经济增长的潜在趋势和周期性波动，为政策制定者提供了更为科学的决策支持。通过这种方法，成果不仅测算了中国 1979~2020 年的潜在产出，还对 2021~2035 年的经济增长潜力和发展趋势进行了预判，这为理解中国经济的长期增长路径提供了宝贵的视角。

该成果详细介绍了中国经济增长潜力估算和分析的基准模型，采取时变参数的增长模型来测算中国经济增长潜力，对基础数据质量的要求相对较高。鉴于此，该成果对测算所采用的基础指标进行深入探讨。数据来源于历年《中国统计年鉴》《中国国内生产总值核算历史资料（1952—2004）》和人口普查资料等。对产出数据，以 1978 年为基期，利用各年不变价格的 GDP 平减指数，对名义 CDP 进行调整，换算成实际产出。对模型进行 12000 次的马尔科夫链蒙特卡洛方法抽样（舍去前面 2000 次抽样，获得 10000 次抽样结果），同时结果进行 G-R 统计量诊断。这些论述翔实科学，符合数据测算的科学性要求，确保了模型的可检验性。

该成果基于理论研究与模型测算，进一步给出了提高经济潜力的政策建议：一是数字经济时代践行创新驱动发展战略，提升经济增长潜力；二是以全面改革和战略调整形成新发展格局，释放经济增长潜力；三是以高质量发展为中国经济战略部署，支撑增长潜力开发。这些建议不仅为政策制定者提供了明确的行动方向，也为企业和社会各界提供了转型升级的参考，共同推动中国经济实现更加强劲、可持续的增长。

三、规范性

该成果在研究过程中紧密围绕核心议题，遵循了"理论模型—实证测度—政策建议"的逻辑顺序，确保了研究的科学性和逻辑性。首先，传统的经济增长模式面临挑战，需要新的方法来预测和评估未来的经济增长潜力。其次，对传统经济增长潜力测算方法的局限性进行了梳理。最后，提出基于贝叶斯—吉伯斯样本生成状态空间模型的经济增长潜力估算方法，这是对现有测算方法的重要创新和补充。该研究成果流程条理分明，论证周密，涵盖从理论分析到实证评估再到提出政策建议的全过程，构建出一套连贯的研究体系，保障了研究结论的科学严谨性及其在实际应用中的有效性。

该成果在研究方法的选择和应用上展现了较高的规范性，通过综合运用多种研究方法，确保了研究结果的科学性和准确性。首先，采用演绎与归纳分析法研究资源结构变化等宏观环境变化与经济增长潜力的内在关系。其次，选择状态空间模型作为经济增长潜力的具体估算方法，采用较为先进的贝叶斯—吉伯斯样本生成的方法，这也是贯穿该成果始终的基本方法。再次，采用面板数据分析方法，以及静态面板固定效应方法、广义矩估计、空间计量等面板数据开展分析，分析过程科学合理。最后，采用数值模拟法，在最终估算未来中国经济增长潜力时，采用相关参数进行数值模拟及预测，分析过程规范可行。综上所述，这些方法的综合运用不仅增强了研究的精确度，也为研究结果的可信度和实际效用奠定了坚实的基础。

该成果的数据资料来源丰富。例如，在技术赶超视角下估算和研判中国经济增长潜力时，数据主要来源于佩恩表10.0（The Penn World Table 10.0，PWI 10.0），PCT专利的申请量来自世界知识产权组织数据库（WIPO数据库），市场环境数据则来源于世界经济自由指数。又如，在结构优化视角下估算和研判中国经济增长潜力时，选择中国235个地级市作为研究样本，数据来自国泰安（CSMAR）数据库、城市统计年鉴以及相关的已有研究。再如，在资源配置效率改善视角下估算和研判中国经济增长潜力时，数据来源于万得（Wind）和国泰安（CSMAR）数据库披露的中国A股公司数据，选取样本公司共有3601家；同时考虑新会计准则实施后的稳定时间维度，选择时间跨度为2007~2019年，样本观测值为45486个。总体而言，数据的使用严谨规范，符合科学研究的相关要求。如果该成果能对引用其他研究的数据进行深入的科学验证，则会进一步提升科学性。

该成果在语言表达上达到了学术写作标准，其清晰和规范的表述使研究内容和理论观点得以明白无误地传达给读者。首先，成果中的术语使用准确，专业词汇和概念的引入均经过遴选，确保了论述的专业性和权威性。其次，句式结构逻辑严密，段落之间过渡自然，使整个文本的流畅性得到保障，便于读者跟随作者的思路进行理解。此外，成果在表述时注重语言的条理性，使研究内容既深入又易于理解。这种严谨的学术语言不仅体现了笔者对研究主题的深刻理解，也展现了其在学术表达上的高水平，从而确保了研究成果能够在专业领域内得到广泛的认可和应用。

四、创新性

此项研究成果的创新性体现在从两个主要维度对 2035 年中国经济增长潜力开展深入探讨。首先，在理论层面，构建了一个自主创新框架，阐释了后发国家在技术追赶过程中企业技术能力的跨越和国家创新能力的提升，如何影响中国的经济增长潜力，这一框架突出了逻辑的独立性和系统性。其次，在方法层面，该成果创新性地将技术赶超纳入经济增长潜力的估算框架，并考虑了中国未来技术赶超阶段的关键特征。通过运用基于贝叶斯—吉伯斯抽样生成状态空间模型的新方法，重新评估和预测了中国的经济增长潜力。这一成果不仅从独特的视角回答了新发展阶段下中国经济增长潜力的大小，还提出了切实可行的政策建议，为理解和推动中国经济的高质量发展提供了新的理论支持和实践指导。

该成果在研究方法上的创新性和探索性主要体现在对传统经济增长潜力预测方法的改进上。传统方法，如长期态势法、资源最大产出增长率、国际比较的外推方法和国民经济发展模拟的多维综合估算法，往往忽略了数字经济时代下的新动力和新特点。成果通过引入先进的贝叶斯—吉伯斯样本生成方法，对状态空间模型进行估计，这种方法在处理模拟数据时能够更接近真实值，优于传统的卡尔曼滤波方法。通过这种具备创新性的研究方法，该成果不仅重新评估了中国经济增长潜力，还对未来发展进行了预判，为理解中国经济的长期增长路径提供了新的视角和工具。

成果编号：C03

题目：中国的新技术与机器人产业态势研究——工作与闲暇共舞的科技未来

作者及单位：魏翔、夏杰长，中国社会科学院财经战略研究院；仲一鸣，爱彼迎（中国）

出版社：中国社会科学出版社，2023 年

内容简介：该成果基于百度指数公开版的计量分析，深入探讨了新技术尤其是自动化和机器人技术对经济增长和就业的影响，在此过程中考虑了人口老龄化加快宏观背景的影响、新技术吸聚力对全国经济的遗漏影响，以及产业、地区、城市层面的异质性。该成果不仅从替代和创造效应两方面辩证地看待机器人对经济和就业的影响，而且通过行业、地区、城市等级异质性分析提高了现实借鉴意义，并涵盖现状分析与前景展望等全面的分析视角。

在宏观层面，成果基于数据和计量模型，分析了新技术吸聚力对全国经济遗漏影响，并在衡量地区和领域的创新能力时考虑创造性毁灭因素，改进了已有研究方法，提高了研究方法与客观现实的适配度。在整体影响分析之后，成果细致深入地开展了地区、行业、城市等级的异质性分析，分析过程系统全面，为深入了解客观、复杂现实提供了重要参考。

在中观层面，成果聚焦自动化和机器人产业，从国内机器人发展的技术能力、市场规模等方面梳理了自动化和机器人产业发展现状，并展望了该产业的投资前景和未来技术发展趋势。此外，成果基于机器人用工数据开展空间特征与行业动态交叉分析，总结人机协作的新特征。

在微观层面，成果面向未来，从加强机器人操作培训促进人机协同与高质量就业入手，论述了个人层面在推动人机协同、产业高质量发展中的挑战与应对。

基于数据分析与发展现状梳理，成果提出破除体制机制障碍，加强协同创新，构建有利于人机协同发展的制度环境，搭建多元开放的创新平台，促进教育、科研优势转化为技术创新优势，完善区域创新体系建设，聚焦制造强国建设，大力发展战略性新兴产业，发挥新技术优势等建议。

成果关注重大现实关切，数据翔实，论证科学，分析层次上涵盖宏观、中观、微观三个层面，分析思路兼顾过去、现在、未来，视角全面，论证深入，为全面认识机器人对劳动力市场的影响并做出有效应对提供了重要参考。

关键词：机器人；人工智能；闲暇时间；人工替代；人机协同

一、思想性

成果基于百度指数公开版，借鉴 Aghion 等的经济增长模型，[①]分析了我国新技术的吸聚力和对全国经济遗漏增长的影响。成果的研究指出，服务业岗位对机器人有较高的需求，机器人进入劳动力市场的同时存在替代效应和创造效应，在地区、发展阶段、岗位等方面存在较大的异质性。人机协同是应对新技术、机器人冲击，将新技术、机器人对劳动力市场、产业格局的冲击转变为对产业机构、就业市场的良性、驱动性影响的关键。

成果关注当下的社会和发展热点——人工智能、机器人等新技术对就业与经济的影响。成果跳出人工智能等技术短期内补充、替代劳动力，对人类就业、社会稳定造成负面影响的短期视角，从长期视角发掘人工智能发展与应用可能创造、提供的更大容量、更高质量的就业空间，发现机器人对劳动力就业的替代与创造效应并存，并指出问题发展的关键在于能够实现高质量的人机协同。在研究新技术应用对经济发展的影响方面借鉴了"创造性毁灭"概念，分析了这种现象在人力成本较高与制造业发达、劳动力廉价的国家的差异化影响。

成果分析视角全面，兼顾正、负两个方面，不仅看到了新技术应用和自动化对经济发展的"创造性毁灭"效应，也看到了新技术与人工结合带来的生产效率提升、产品质量提高等填补效应、创造效应，有助于学界和社会更全面、客观地看待人工智能对产业、经济带来的影响，以做出积极应对。

该成果分析层面丰富，不仅从宏观经济层面基于计量分析测算了一、二、三线城市对新技术的吸聚力现状、结构性特点、地区和行业异质性，而且梳理了国内机器人发展的技术能力、市场规模、投资前景和未来技术的发展趋势，并在考虑我国当前人口变化趋势的背景下，分析了国内不同地区对机器人的应用需求，实现了横向分地区、纵向分级分类的异质性测算。成果对新技术对经济发展、劳动力需求的结构性和异质性分析有助于系统理解新技术对经济的影响作用，对未来发展趋势作出科学研判。成果测算城市及行业创新能力时，利用现有数据捕获了以往测算中经常被遗漏和忽略，但对实际的经济增长产生巨大贡献的地区和行业，为进一步改进研究方法、完善研究思路提供了有益借鉴。

[①] Aghion P, Bergeaud A, Boppart T, Klenow P, Li H. Missing growth from creative destruction［J］. American Economic Review, 2019, 109（8）：2795-2822.

二、实践性

成果的选题具有高度的现实意义，关注了当前全球经济中技术进步与就业市场的互动关系。选题聚焦于新技术，尤其是自动化和机器人技术对经济增长和就业的影响，这是一个具有深远实践意义的议题。在当前全球经济中，技术进步正以前所未有的速度改变着生产方式和就业结构，因此，成果的选题直接关系到人类重要的实践活动，并且具有迫切的现实意义。

成果的理论论述基于对当前经济和技术发展趋势的深入分析，其前提假设和描述符合客观现实。理论建模时充分考虑了人口老龄化趋势的宏观背景，地区、行业、城市等级差异的现实复杂性，以及以往模型中遗漏创造性毁灭的局限性，均通过合理的研究设计进行完善，提高了理论基础与模型设计与复杂现实的贴合度。成果还详细说明了数据来源、研究假设、计量模型，并展示了公式推导、变量建构的详细过程，研究方法规范、适切，符合研究设计的需求，符合学术规范，能够确保研究结果的可靠性和有效性。

成果的研究结论和政策建议具有明显的现实指导意义。在分析新技术对经济和就业的影响时，充分考虑了人口老龄化的劳动力供给需求关系背景，以及地区、行业、城市等级差异的复杂现实，并通过数据与计量分析进行了系统、全面的呈现，得出的研究结论具有较高的现实指导意义。基于翔实、全面的分析，成果提出了促进人机协同，应对机器人对劳动力市场变革及经济发展冲击的一系列政策建议，如破除体制机制障碍、搭建多元开放式创新平台、完善区域创新体系建设等，这些建议旨在促进新技术的发展和应用，提高经济效率和就业质量，对于政策制定者和企业决策者来说具有重要的参考价值。通过实施这些建议，可以促进新技术与现有经济结构的融合，推动经济增长，同时减轻技术进步可能带来的就业冲击。

三、规范性

成果在理论论述方面表现出较高的规范性。成果聚焦于新技术对经济增长和就业的影响这一核心选题，并且对相关概念如"创造性毁灭""人机协作"等进行了清晰准确的表达。成果中概念之间的逻辑关系论述严密，公式推导规范，推论合理。例如，其中详细解释了新技术如何通过提高生产效率和改变生产方式来促进经济增长，以及这一过程中对就业市场的复杂影响。

成果在使用数据资料方面表现出严谨和准确性。基于宏观经济数据、行业统计数据、就业市场数据及百度指数，采用 Aghion 等的经济增长模型，详细介绍了遗漏增长与市场份额、创造性毁灭与遗漏增长框架的公式推导过程，以及市场份额的计算公式，并说明了机器人用工数据来源及变量构成，数据翔实、方法得当、论证充分，确保了研究结果的准确性和可靠性。

成果的文字表达精确易懂、语言简洁、结构清晰、论证充分、过渡自然。其中的图表和附录有助于读者更好地理解报告的内容和结论。这种精确且清晰的表达方式使成果不仅对专业读者有价值，也对广泛的非专业读者具有可读性。

成果在撰写过程中遵循了科研诚信的准则。它对数据和资料的引用进行了准确的标注，对研究方法和过程进行了清晰准确的描述，确保了研究的透明度和可重复性。成果没有夸大或歪曲研究结果，而是客观地呈现了研究发现，符合科研规范要求。

四、创新性

成果从创造性毁灭、机器人的替代与创造效应、短期与长期影响，拓展、丰富了已有理论视角，并结合人口老龄化时代背景，从劳动力的供给需求关系进行了深入分析。其一，成果在理论层面关注了新技术应用和自动化对经济发展带来的"创造性毁灭"效应，以及新技术和人力资源结合带来的产品和服务质量提升、生产效率提高、新产品迅速迭代更新等新的机遇。成果基于"机器换人论"和"就业创造论"两种理论观点，分析了机器人对劳动力的替代与创造效应。其二，成果全面分析了机器人对就业劳动力市场带来的短期与长期影响，视角全面，分析客观深入。成果在关注新技术和机器人短期内对就业市场带来替代性负面影响之外，也注意到长期而言人工智能的发展、机器人等新技术的应用能创造更高质量、更大容量的劳动力市场需求，兼顾短期与长期、积极与消极效应等视角，分析更加全面。其三，在单纯考虑机器人等新技术的技术影响之外，成果充分考虑了人口老龄化对劳动力市场人力资源存量、结构、供给能力等的影响，分析更加全面，贴合复杂现实，能够通过构建供给—需求关系更深入地分析新技术对劳动力市场、就业状况的影响。

成果在 Aghion 等提出的增长模型的基础上构建了遗漏增长框架、市场份额、创造性毁灭等变量，并结合机器人分类标准对工业和服务业机器人用工类型进行合理分类，如将工业机器人分为 CNC/ 数控造作和汽车制造两类，将服务业机器人分为 IT 维修 / 技术支持、快递员、送餐员、网络运营、主播五类，提高了研究设计的科学性，提升了研究发现对现实的借鉴价值。

成果应用了新的百度指数数据及多维度、多层面的经济发展、产业发展数据，并进行了有机整合，更深入地分析问题。其一，在传统的统计年鉴、行业发展等经济数据之外，成果构建了基于文本的百度指数变量与经济产业类数值变量之间的有机联系。其二，成果通过吸聚力、遗漏增长与市场份额、创造性毁灭与遗漏增长框架、机器人用工数据，有机地将宏观经济数据、行业统计数据以及智联招聘等劳动力市场数据有机整合起来，细致刻画吸聚力及新技术对经济发展、劳动力市场影响的复杂异质性。

成果的政策建议系统性强，涵盖宏观（国家战略）、中观（体制机制与平台）、微观（劳动者的机器人操作培训）三个层面。成果不仅从完善地区创新体系建设、发挥战略性新兴产业的引领作用等宏观战略，优化体制机制、打造创新平台等中观层面提出了合理化建议，而且聚焦到微观层面的教育培训，梳理了当下机器人操作培训存在的挑战与应对举措，涵盖宏观、中观、微观三个层面，政策建议辐射全面，系统性强，对在实践中应对机器人对劳动力市场的冲击具有很高的参考价值。

成果的政策建议基于调研与数据分析，针对性强。成果对发挥新技术的经济增长效应提出的相关建议建立在系统梳理机器人产业和技术的应用现状与未来的基础上，基于人机协作是应对机器人对劳动力市场冲击的科学研判，而且参考了新技术吸聚力和遗漏增长定量分析、机器人用工数据的动态与静态实证研究发现，有理有据，针对性强，聚焦关键问题，对积极应对机器人对就业市场和经济发展的冲击具有很强的借鉴意义。

成果编号：C04

题目： 新时代中国经济高质量发展动能转换研究

作者及单位： 张杰，中国人民大学中国经济改革与发展研究院

出版社： 经济管理出版社，2023 年

内容简介：《新时代中国经济高质量发展动能转换研究》深入分析了中国经济新旧动能转换问题。其中通过实地调研和数据分析，探讨了中国在高质量发展阶段面临的机制体制性障碍和潜在风险。该成果主要研究了经济新旧动力转换问题，通过测算验证了工业高端化和高质量投资是新动力的核心这一观点，并基于对阻碍因素的分析，提出了政策建议；探讨了地方政府的创新发展模式，分析了其与国家创新战略的匹配问题，以及政府和市场功能的融合路径和改革方向；针对在"双循环"新发展格局下，如何促进经济新旧动能转换，提出了构建国内产业链循环体系的战略思路与改革举措；面对关键核心技术创新问题，分析了创新不足的体制性障碍，提出了改革思路和政策建议。其中，强调中国新经济新动能正处于关键转折期，对经济增长的支撑作用逐步增强，但也面临诸多挑战。党的十九届五中全会提出要坚持创新和实体经济发展，为中国经济新旧动能转换提供了指导。该成果为理解中国经济动能转换提供了深刻见解，并提出了相应的改革建议。

关键词： 高质量发展；创新发展模式；双循环战略；关键核心技术创新

一、思想性

该成果通过实地调研和数据分析，全面揭示了中国经济在新常态下面临的新旧动能转换问题，使人们对这一复杂过程的认识更加全面、准确和深入。其中对工业高端化、创新发展模式、双循环战略以及关键核心技术创新等细分领域的深入研究，推动了经济学、管理学等相关学科的发展，尤其是在理解中国经济转型和高质量发展方面。

该成果的选题具有重要的现实意义。该成果不仅关注了中国经济的当前挑战，还探讨了长远发展的战略问题。成果对于中国经济转型的复杂性和多维性有着深刻的认识，强调了在全球化背景下，中国经济转型不仅要关注内部的产业结构调整，还要充分考虑国际环境的变化和国际竞争的压力。这种全面且深入的分析，为理解中国经济的未来发展提供了新的视角。成果的论述严谨，结合了宏观政策与微观实践，提供了多维度的分析框架。研究得出的结论具有启发性，尤其是在政策建议方面，不仅分析了问题，还提出了切实可行的解决方案，如推动工业高端化、优化地方政府创新发展模式、实施双循环战略和加强关键核心技术创新等。成果对创新在经济发展中的核心地位给予了高度的重视。例如，该成果认为创新不仅是技术层面的突破，更是制度、文化、教育等多方面的综合体现。这种对创新全面而深刻的理解，为推动中国经济的创新发展提供了重要的思想指导。

该成果提出了多个有价值的思想性观点。例如，提出"工业高端化是中国经济新动力形成的核心支撑"，这一观点不仅解释了高质量投资对 GDP 增长的拉动作用，还为如何通过产业升级促进经济增长提供了新的思路。又如，该成果分析了中国地方政府在推动创新发展时所面临的不匹配和不兼容现象，并提出政府与市场功能有机融合的具体路径，这些分析为理解政府在经济发展中的角色提供了新的视角。再如，该成果对政府和市场的关系进行了深入的探讨，认为在经济转型过程中，政府的角色不应仅仅是市场的监管者，更应成为市场的引导者和参与者。这种对政府角色的新认识，为政府在经济转型中的定位和作用提供了新的思考。

总体而言，该成果在理论层面的贡献在于提供了一个全面分析中国经济新旧动能转换的框架，深化了对关键问题的理解，并为政策制定提供了启发性建议。该成果对于中国经济的未来发展持乐观态度，认为尽管面临诸多挑战，但中国经济有着巨大的潜力和韧性。这种积极而坚定的态度，为中国经济的未来发展提供了强大的信心和动力。该成果不仅对学术界有重要影响，也对政策制定者和实践者具有重要的参考价值。

二、实践性

该成果在选题、理论论述、研究结论和政策建议等方面具有较强的实践性，具体体现在以下几个方面：

第一，选题具有实践意义。该成果的选题紧密联系中国经济的现实需求和长远发展目标，聚焦于新旧动能转换这一核心议题。这一议题不仅关系中国经济的可持续发展，而且是当前中国乃至全球经济转型中的关键问题。因此，该成果的选题具有很强的实践意义和时代价值。

第二，理论论述符合现实。书中的理论论述基于大量的实地调研和数据分析，确保论述的前提假设和描述符合客观现实。成果没有停留在抽象的理论推导上，而是将理论与中国经济发展的实际紧密结合，使理论论述高度符合现实。

第三，理论和结论具有可检验性。该成果提出的理论和结论不仅逻辑严密，而且在实践中可被检验。例如，书中关于工业高端化对经济增长的拉动效应的分析，可以通过后续的经济数据进行验证。这种可检验性使得书中的理论不是仅停留在纸面上，而是能够为实际经济政策的制定和调整提供依据。

第四，研究结论和政策建议具有现实指导意义。书中不仅基于数据细致深入地分析了我国经济发展新旧动能转换过程中存在的问题，还提出了一系列具有现实指导意义的政策建议。这些建议涵盖了如何优化地方政府的创新发展模式、如何实施双循环战略、如何加强关键核心技术创新等多个方面，为中国经济的高质量发展提供了具体的行动指南。这些建议的实施有望在实践中产生积极的效果，推动中国经济的转型升级。该成果通过对中国不同地区、不同行业的实地调研，收集了大量的一手数据和案例，这些数据和案例的分析，使得书中的结论更加贴近实际，更具有说服力。同时，该成果中提出的政策建议充分考虑了政策的可行性和操作性，确保了政策建议能够在实际中得到有效实施。

综上所述，该成果具有较强的实践性，其选题具有实践意义、理论论述符合现实，理论和结论可检验，研究结论和政策建议具有现实指导意义，该成果是理解和推动中国经济高质量发展的重要参考。

三、规范性

该成果在理论论述、研究方法选用、数据资料使用、文字表达、研究过程等方面均遵守学术规范，严格遵守科研诚信准则，体现了较高的规范性。具体表现在以下几个关键方面：

第一，理论论述的规范性。该成果在理论论述上表现出高度的规范性。选题聚焦于中国经济新旧动能转换这一核心议题，概念的涵义表达清晰准确，如对"工业高端化""双循环战略"等关键概念进行明确界定。同时，概念之间的逻辑关系论述严密，作者通过逻辑推理和实证分析，确保了理论框架的内在一致性和外部有效性。

第二，研究方法的规范性。在研究方法的选择上，该成果体现了规范性。作者采用实地调研、数据分析等方法，方法选择恰当，符合经济学研究的学术标准。方法的使用也遵循了严格的学术规范，如在数据分析中采用了科学的统计方法，确保了研究结果的可靠性和有效性。

第三，数据资料使用严谨准确。该成果在数据资料的使用方面严谨准确。该成果在研究中使用了大量实地调研和统计数据，这些数据的来源可靠，处理方法科学，确保了研究结论的客观性和准确性。数据使用符合学术研究规范，如在引用数据时注明了数据来源，保证了研究的透明度和可追溯性。

第四，文字表达精确易懂。该成果在阐述复杂经济理论和分析时，使用了清晰、简洁的语言，即使是非专业读者也能理解书中的主要观点和结论。这种精确而易懂的表达方式，不仅提高了书籍的可读性，也体现了作者的写作水平。

第五，符合科研诚信准则。该成果在撰写过程中严格遵守科研诚信准则，在研究中以客观公正的态度对数据和事实进行了真实、准确的描述，没有夸大或歪曲研究结果。同时，该成果在引用他人研究成果时，做到了恰当的引用和注明，体现了对知识产权的尊重和保护。

该成果的规范性还反映在对研究过程的严谨把控和对学术传统的尊重。其研究遵循了科学研究的基本原则，如客观性、系统性和创新性，确保了研究的科学性和准确性。在研究设计阶段，作者精心构建了研究框架，明确了研究目的、研究问题、研究假设和研究方法，为后续的研究工作奠定了坚实的基础。在研究实施过程中，作者严格遵守研究伦理，如保护研究对象的隐私、确保数据的真实性和可靠性等，体现了对科研诚信的坚守。此外，该成果进行了规范的文献综述，作者广泛而深入地回顾了相关领域的文献，不仅包括国内外的研究成果，还涉及不同学科的交叉研究，这为构建研究的理论基础和提出研究假设奠定了坚实的文献支持。在研究结果的呈现上，作者采用清晰的结构，逻辑严密，数据分析和理论讨论条理分明，层次清晰，易于读者理解和接受。规范的表达方式不仅提高了研究的透明度，也增强了研究的说服力。最后，书中在讨论部分对研究的局限性进行了细致的反思，并提出了未来研究的可能方向，这种开放和自我批评的态度，体现了作者对科学研究规范的深刻理解和尊重。通过这些严谨的研究实践，该成果为学术界提供了一个高质量的研究范例，对后续的研究工作具有重要的指导和借鉴意义。

综上所述，该成果在规范性方面的表现体现了作者对学术研究持严谨的态度，无论是在理论论述、研究方法、数据资料使用，还是在文字表达和科研诚信方面，都达到了较高的学术标准，为读者提供了一本高质量的学术著作。

四、创新性

该成果在理论视角、研究方法、研究数据、政策建议等多个方面展现了其创新性，具体如下：

第一，新的理论视角。该成果提出了从工业高端化、创新发展模式、双循环战略和关键核心技术创新等多维度视角来分析中国经济新旧动能转换的问题。这些视角为理解中国经济的转型提供了新的理论框架，特别是在探讨地方政府在创新发展中的角色，以及"双循环"战略下的产业链构建等方面，展现了创新的理论深度。

第二，新的研究方法。作者采用了定量与定性相结合的方法，通过大量的实证研究来验证理论假设。该成果涉及大量的实地调研和数据资料统计分析，作者采用跨学科的研究方法，结合经济学、管理学、社会学等多学科的理论和方法，为中国经济新旧动能转换研究提供了新的研究路径。

第三，新的研究数据。成果使用了最新的实地调研数据和统计资料，这些数据为分析中国经济新旧动能转换提供了新的实证基础。通过这些数据，该成果能够更准确地呈现中国经济转型的动态过程，以及新旧动能转换的实际效果和存在的问题。该成果不仅使用传统的宏观经济数据，还引入了微观层面的企业数据和行业数据，这些数据的使用丰富了研究维度，使研究结果更加贴近实际经济运行的复杂性。

第四，新的政策建议。该成果在政策建议方面有思路上的创新。例如：针对工业高端化进程中的阻碍因素，提出了具体的改革突破口和政策措施；在探讨地方政府的创新发展模式时，提出了政府和市场功能有机融合的具体路径；在实施"双循环"新发展格局战略时，提出了构建国内产业链循环体系的战略思路与改革举措。这些政策建议不仅具有理论创新性，而且具有实践指导意义，充分考虑了实际操作的可行性，提出了具体的政策工具和实施步骤。这些建议的提出，体现了作者对中国经济实际运行机制的深刻理解和创新性思考。

总体而言，该成果在理论视角、研究方法、数据使用和政策建议等方面均体现了创新性，为理解和推动中国经济高质量发展提供了新的视角和思路。这些创新点不仅丰富了学术研究，也为政策制定和实践操作提供了有价值的参考。

成果编号：C05

题目： 双碳目标、绿色技术创新与制造业高质量发展

作者： 李新安，河南财经政法大学研究院

出版社： 经济管理出版社，2023 年

内容简介：《双碳目标、绿色技术创新与制造业高质量发展》共包含 11 个章节。第 1 章导言的主要内容包括研究背景与研究意义、研究思路与研究方法、主要结论与核心观点。第 2 章我国制造业绿色转型的理论基础及作用机理的主要内容包括制造业绿色转型的理论基础、制造业绿色转型的作用机理、制造业。第 3 章我国制造业绿色发展的现状测度及时空格局演变的主要内容包括制造业的发展现状与趋势、制造业绿色发展的测度、制造业绿色发展的时空格局演变、制造业绿色发展面临的主要问题、促进制造业绿色发展的关键举措及路径。第 4 章外资引入、技术进步偏向与制造业的碳排放的主要内容包括文献综述、理论假说与实证模型构建、数据采集与技术进步偏向及碳排放的测度、实证检验及结果分析、基本结论与政策启示。第 5 章双碳目标下碳减排促进制造业高质量发展的驱动效应的主要内容包括文献综述与理论假设、实证研究设计、实证检验与结果分析、基本结论与政策启示。第 6 章制造业高质量发展视域下绿色技术创新的碳排放效应的主要内容包括文献综述、制造业绿色创新能力及碳排放的测度、绿色技术创新影响制造业碳排放的实证分析、基本结论与政策启示。第 7 章绿色低碳转型影响制造业全球价值链升级的内在机制的主要内容包括文献综述、理论机制分析与研究假说、计量模型构建及变量数据来源、实证检验与结果分析、基本结论与政策启示。第 8 章环境规制、绿色技术创新与制造业价值链攀升的主要内容包括文献综述、理论基础与机制分析、环境规制—绿色技术创新与制造业价值链的测算方法及现状分析、环境规制—绿色技术创新对制造业价值链攀升的实证研究、基本结论与政策启示。第 9 章双碳目标影响中国经济发展质量的不同情景模拟的主要内容包括文献综述、双碳目标对能源消费和绿色转型的影响、数理模型构建与碳达峰情景设定、双碳目标各情景对宏观经济影响的定量模拟、基本结论与政策启示。第 10 章数字经济驱动制造业高质量发展的内在机制研究的

主要内容包括文献综述、理论分析与研究假设、研究设计、实证检验、基本结论与政策启示。第11章促进我国制造业绿色转型与高质量发展的政策举措的主要内容包括四个方面：一是着力制造业绿色转型，强化绿色技术创新政策引导；二是强化绿色转型制度设计，推进制造业与数字技术深度融合；三是着力"5G+工业互联网"建设，促进制造业智能化转型；四是培育企业家创新精神，打造智能制造"三能"人才。

关键词： 双碳目标；绿色转型；技术创新；高质量发展

一、思想性

该著作遵循"问题提出—理论和实证分析—政策优化选择—对策建议"的研究框架，提出"双碳目标约束下如何通过制造业绿色转型实现高质量发展"这一问题，运用案例研究、归纳演绎、统计分析等研究方法，从不同研究视角，构建理论模型检验制造业绿色转型的作用机制及其影响效应分析，结合分析结果，提出推动制造业绿色低碳转型及高质量发展的政策建议。经深入梳理后，可将该著作的研究背景与研究思想汇总如下：

气候变化所带来的环境危害具有很强的非排他性，碳排放是造成气候变化的主要元凶之一，控制碳排放是全球各国都需要承担的环境责任。中国始终坚持绿色发展理念，早在 2010 年就提出低碳城市试点等政策。新时代，中国从国家层面、地区层面等制定控碳战略与政策体系，控碳目标更加全面，涉及经济社会发展的方方面面。2020 年 9 月，习近平主席在第七十五届联合国大会上宣布了"双碳"目标，即中国将在 2030 年前实现碳达峰、在 2060 年前达到碳中和的目标。2021 年 5 月，我国成立了碳达峰碳中和工作领导小组并展开工作。2021年 10 月，中共中央、国务院陆续出台了《关于完整准确全面贯彻新发展理念做好碳达峰碳中和工作的意见》《2030 年前碳达峰行动方案》，这两个文件是完成"双碳"目标政策体系的顶层设计。2022 年 8 月，中华人民共和国科技部等九部门联合印发了《科技支撑碳达峰碳中和实施方案（2022—2030 年）》，这是支撑2030 年前实现碳达峰目标的科技创新行动和保障举措。2021 年、2022 年和 2023年的《政府工作报告》以及《中华人民共和国国民经济和社会发展第十四个五年规划和 2035 年远景目标纲要》中更是指出"十四五"是碳达峰、碳中和的关键期和窗口期。在国家层面政策的指导下，各省份也依据自身发展实际，制定了相应的实施细则来实现"双碳"目标。

该著作认为制造业是中国国民经济的基础，是二氧化碳的主要排放源之一，因此研究"双碳"目标下如何促进制造业高质量发展是重要的问题。该著作的主要内容是以双碳目标下制造业的绿色转型及高质量发展为主题，探讨如何在实现环境目标的同时，促进制造业的可持续发展，包括研究制造业与双碳目标的关系、研究制造业的绿色转型与可持续发展、研究制造业的绿色技术创新与经济增长等。

该著作构建制造业绿色发展效率综合评价指标，来测算中国制造业绿色发展的时空格局演变，研究得出制造业绿色发展存在明显的空间相互依赖性。运用空间杜宾模型验证环境规制与政府补贴对绿色技术创新的空间效应，研究发现绿色技术创新已成为绿色发展与制造业转型的重要支撑。该成果运用广义最小二乘法与 GMM 回归模型等实证方法验证了两方面主要内容：一方面，验证外资引进、技术进步偏向与碳排放间的内在交互机理，研究发现外资技术溢出、制造业技术进步偏向对碳减排有重要影响；另一方面，验证碳排放对制造业高质量发展的内在影响机理，研究发现碳减排倒逼制造业绿色转型与高质量发展。该成果运用数据包络分析（DEA）与 Malmquist-Luenberger 生产率指数测算制造业绿色全要素生产率，借助动态面板 GMM 扩展模型测算制造业绿色技术创新与碳排放之间的关系，研究发现基于绿色技术创新的碳减排效应可促进制造业绿色转型及高质量发展。成果从产业结构低碳化、技术创新绿色化、减污降碳协同化、能源消费清洁化四个维度构建制造业绿色低碳转型综合评价指标，运用基准回归模型与中介效应计量模型，探究制造业绿色转型与全球价值链升级之间的影响机制，研究发现制造业绿色低碳转型有助于我国突破"双重锁定"并实现全球价值链升级。该成果采用固定效应模型和 GMM 回归模型探究绿色技术创新、绿色技术创新与环境规制交互项对制造业价值链升级的作用规律，研究发现环境规制政策推动下的绿色技术创新有利于制造业高质量发展及价值链升级。该成果构建制造业高质量发展水平与数字经济发展综合评价指数，实证检验了数字经济赋能制造业高质量发展的效应机制，研究发现制造业数字化转型引领其高质量发展。

二、实践性

全球环境问题日益突出，控制碳排放是减缓气候变暖、改善环境以实现可持续发展的有效途径。但控制碳排放不应以阻碍经济发展为代价，如何实现控制碳排放与经济增长的双赢，是值得深入探索的研究领域。该著作认同技术进步是影响二氧化碳排放的关键因素，但强调技术进步本身具有偏向性，形成技术创新的绿色低碳偏向对实现双碳目标至关重要。该著作通过深入分析我国制造业绿色转型与高质量发展之间的关系，探索技术进步偏向对碳排放的影响及对绿色低碳转型的技术溢出效应，找寻能够实现制造业技术绿色进步和价值链攀升的最优减排路径，对实现制造业绿色发展与全球价值链攀升的双赢来说具有重要的现实意义。

如何实现碳减排与经济发展的双赢是中国式现代化过程中所面临的一个重要的实践问题。重点行业的碳排放问题是需要着重关注的领域。该著作指出，我国制造业产业链目前位于全球价值链的低端环节，需要实施技术进步低碳化的政策导向，引导我国制造业向附加值高且绿色低碳的中高端价值链环节发展。因此，该著作分层次、分区域对我国制造业碳排放的影响因素及典型特征进行探索，深入分析我国制造业在绿色转型背景下的技术进步偏向及其作用于碳排放的理论机制，对我国制定异质性技术偏向政策以实现双碳目标具有较为重要的现实意义。

此外，该著作从不同视角研究了制造业低碳转型对经济发展的动态影响，探讨了不同类型的碳减排政策效果，为我国达成双碳目标的顶层设计提供严谨的理论实证依据，为环境治理与技术进步协同助力经济高质量发展提供了新的路径。由此可见，该著作对我国制造业双碳目标的实现及高质量发展均有重要的现实意义。

三、规范性

该著作遵循问题提出、理论基础建构、问题研究设计、研究结论及对策建议的研究框架，整体研究框架严谨且规范。该著作的研究问题明确且具有重要的理论意义与现实意义。依据不同研究视角进行的研究设计与分层次研究问题的匹配性也较强。此外，该著作的研究结论是经实证检验过的制造业实际发展数据得出的，具有较强的现实支撑性和可验证性。

该著作的研究设计部分逻辑严密且具有较强的规范性。实证研究部分所使用的数据均是官方统计的实际发展数据且都经过规范的数据处理，具有较强的权威性、代表性和可复现性。在构建理论模型时，该著作依据实际发展情况提出研究假设，又经实际发展数据检验，论据明确且真实有力，不仅使所构建的理论模型具有一定普适性，也使研究结论具有很强的可信性。例如，在第5章作者依据制造业发展实际，提出"双碳目标下碳减排引发绿色技术创新，进而对制造业高质量发展具有显著促进作用""双碳目标有利于促进制造行业结构优化，实现清洁绿色转型"这两个假说。构建碳排放强度与制造业发展质量的线性回归模型，依据30个省份的制造业发展实际数据进行实证检验，同时进行了中介效应检验、异质性分析检验等以保证检验的规范性和准确性。

四、创新性

学术研究的创新性体现在对已有研究的研究思想完善、研究内容创新及研究方法创新等方面。该著作在研究思想完善方面的创新性体现在将中国的碳减排目标与具体的行业发展联系起来，即将碳减排、制造业绿色技术创新与制造业价值链升级纳入统一的研究框架，综合考虑政府环境规制、政府补贴、技术进步等因素，深入剖析与验证政府绿色转型发展政策的实施效果。该著作在研究内容方面的创新体现在深入梳理环境规制、政府补贴、绿色技术创新之间的关联，构建GMM回归模型，探究绿色技术创新的行业效应和空间溢出效应，找出其影响规律，研究结论有利于政府部门制定更具针对性的绿色发展政策。该著作在研究方法上面的创新体现在结合区域发展的异质性，深入分析制造业细分行业绿色技术创新的空间效应，有利于各地区政府基于自身发展实际和行业层面采取更具针对性的发展策略。

第八章　结论

高质量学术成果评价体系有三个方面显著特征：一是以学术成果质量为导向，二是以内容评价为基础，三是以引领哲学社会科学正确发展方向为目标。[①]该学术评价体系基于完整的逻辑框架，实现对高质量学术成果的识别和分析，既评选出优秀研究成果，又阐释研究成果在引导学术发展方向上的示范效应。将高质量学术成果评价体系应用于经济学科，对期刊论文、研究报告、学术专著进行评价研究，结果显示该评价体系具有良好的学术价值。将高质量学术成果评价与既有的评价研究进行比较分析，发现当前我国哲学社会科学学术评价领域存在一些不足，尤其是"重数量轻质量""重形式轻内容"的问题比较突出，[②③④] 为加快构建中国特色哲学社会科学，应更加重视对学术成果的内容评价，通过将优秀成果评出来、推广开，以高质量学术成果的示范效应引导哲学社会科学正确发展方向。

[①]　构建哲学社会科学高质量学术成果评价指标体系的目标，定位于加快构建中国特色哲学社会科学。一方面，"加快构建中国特色哲学社会科学，归根结底是建构中国自主的知识体系"；另一方面，我国哲学社会科学发展的正确方向，就是要符合加快构建中国特色哲学社会科学这一必然要求。因此，高质量学术成果评价的目标表述为"引领哲学社会科学正确发展方向""加快构建中国特色哲学社会科学""推动构建中国自主的知识体系"这三种形式，其本质含义是高度一致的。

[②]　朱剑. 科研体制与学术评价之关系——从"学术乱象"根源问题说起［J］. 清华大学学报（哲学社会科学版），2015，30（1）：5–15+180.

[③]　叶继元. 学术"全评价"体系与中国特色哲学社会科学学术评价体系的构建与完善［J］. 情报资料工作，2021，42（3）：15–22.

[④]　荆林波，逯万辉. 新时代我国哲学社会科学评价研究进展：理论与实践［J］. 中国人民大学学报，2023，37（2）：168–181.

第一节　高质量学术成果评价体系的学术价值分析

　　哲学社会科学高质量学术成果评价体系具有两个方面的作用：一方面，从高质量学术成果中评选出具有示范效应的优秀成果，即"示范性高质量学术成果"，利用评价体系把优秀成果评出来；另一方面，根据评价标准，由评价主体结合评价目的，分别对各份示范性高质量学术成果进行内容评价，阐释研究成果在思想性、实践性、规范性、创新性等方面的优势和特色，进一步增强示范性成果对学术发展的引领作用，把优秀研究成果推广开。从要素构成上来看，高质量学术成果评价体系有三个显著特点：一是以学术成果质量为导向，将学术成果的质量作为评价的基础，即研究质量是价值判断的基本依据，这与既有的评价研究存在明显区别，虽然在一些具体的评价实践中，如职称评审、项目评定、人才选拔中小规模地对学术成果质量进行评价，但是规范性的研究和应用并不多见。二是以内容评价为基础，按照评价标准，根据研究成果的实际内容进行评价。在这种评价模式下，评价主体可以将研究成果本身作为评价的依据，评价结果由成果内容决定，大幅度增强评价的准确度和可信度，这与当前被广泛使用的形式评价成为鲜明对比。三是评价目标定位于引领哲学社会科学正确发展方向，正是这一目标决定了评价体系必须以成果质量为导向、以内容评价为基础，当前大部分评价体系只是将"好"的评价对象选出来，而并未将引领学术发展方向作为直接目标，相比之下，高质量学术成果评价体系则直接定位于学术发展方向，具有更强的学术影响力和引领力。

　　高质量学术成果评价的理论框架和体系构建，对当前学术评价研究和应用具有一定的积极作用。首先，在理论上提出"哲学社会科学高质量学术成果"的概念，为构建以质量为导向的评价体系提供了理论基点，有助于在评价研究中更加注重对成果质量的分析，减弱学术评价中过于偏重数量而忽视质量的趋势，这也是在评价理论研究中对当前学术界呼吁重视成果质量的一种回应。其次，以高质量学术成果的四种必要属性构成评价标准，增强了内容评价的规范性，在降低内容评价的时间成本，提高评价精度方面进行了尝试，为推动以内容评价为基础的学术评价研究提供借鉴。并且，高质量学术评价在评价对象上，是对单个学术成果进行评价，并且包含了主要的学术成果类型，这可以看作是对当前学术期刊评价、研究机构评价等学术评价实践的一种发展，即直接以学术成果本身作为评价对象，将学术评价深入到微观成果层面。最后，高质量学术成果评价体系中的一个重要环节是，根据评价标准，对示范性成果进行深入系统的评价研究，充分发掘内容评价的学术价值，增强高质量学术成果的示范效应，以学术成果评价引领哲学社会科学的正确发展方向。

第二节　构建以质量为导向、以内容评价为基础的学术成果评价体系

一、形式评价主导当前学术评价实践

当前我国哲学社会科学学术评价实践主要集中在三个领域，即期刊评价、学科评估、智库评价。这些评价活动在较大程度上影响科研资源的分配，受到学术界广泛关注，当前这些主流学术评价实践通常建立在形式指标基础上。

在期刊评价方面，当前有三种影响力较大的评价体系，分别是北京大学图书馆开发的《中文核心期刊要目总览》（以下简称《总览》）、南京大学中国社会科学研究评价中心的《中文社会科学引文索引》来源期刊（以下简称 CSSCI）、中国社会科学评价研究院的《中国人文社会科学期刊 AMI 综合评价报告》（以下简称《AMI 期刊评价报告》），虽然三者都是期刊评价体系，在期刊分类等级的结果方面有较多重合之处，但是有研究指出，这三种评价体系在评价目的、评价对象、评价方法等方面存在差异。①《总览》最初由北京大学图书馆联合北京高等院校图书馆期刊工作研究会共同编制，1992 年出版第一期，之后每 4 年编制一期，2008 年后，每 3 年编制一期，2017 年的《总览》由中国高等教育文献保障体系管理中心（CALIS）与北京大学图书馆共同编制。《总览》使用定量和定性评价相结合的评价方法，在我国正式出版期刊中遴选出核心期刊。CSSCI 是南京大学中国社会科学研究评价中心开发的引文数据库，于 1998 年由南京大学作为重大项目开发研制，该项目还得到了教育部"九五"规划重大项目的支持。

---

① 耿海英. 我国人文社会科学期刊评价体系比较研究［J］. 情报科学，2020，38（10）：104—111.

CSSCI 同样采用定量和定性相结合的评价方法，从我国人文社会科学期刊中评选出学术价值较高、出版质量较好的期刊，作为 CSSCI 引文数据库的期刊源，该数据库期刊源每 2 年更新一次。当前，在我国哲学社会科学学术界，CSSCI 期刊的学术影响力较大，几乎成为事实上的标准，不少高校研究生毕业的学术成果门槛都与发表的 CSSCI 期刊论文挂钩。《中国人文社会科学期刊 AMI 综合评价报告》由中国社会科学评价研究院编制，第一期于 2014 年发布，之后每 4 年发布新一期的《AMI 期刊评价报告》，最新一期为《AMI 期刊评价报告（2022 年）》。该评价体系同样使用定量和定性评价相结合的评价方法，但突出了同行评议在期刊评价中的权重。另外，《AMI 期刊评价报告》将期刊等级分为顶级、权威、核心、扩展、入库五个等级，在这方面与《总览》和 CSSCI 明显不同。从评价方法的细节看，《总览》和《AMI 期刊评价报告》采用多指标综合评价方法对期刊等级进行划分，而 CSSCI 基于引文关系建立数据库筛选核心期刊，主要的价值判断依据是文献之间的引用关系。

在学科评估方面，当前由教育部主导的学科评估在学术界产生的影响较大。学位中心针对高校一级学科发展水平进行的评估工作已经开展了 5 轮，我国高校学科评估已经具备了较成熟的评价体系。学位中心是学科评估的组织者也是评价主体，由于其教育部的官方背景，使学科评估在学术界具有较强的权威性和影响力，对我国学术发展具有明显的"指挥棒"作用。[①] 学科评估的主要目的是优化科研资源配置，通过一定程度的政策倾斜，使那些学科发展水平较高、发展潜力较大的科研院校能够获得较多的科研资源，从而充分释放科研潜力，带动整个科研队伍实现快速发展。因此学科评估的目的是在每个学科中选出发展水平较高的一批科研院所，是一种类似竞争性选拔的活动。在学科评估的组织上，采取行政主导的模式。一方面，教育行政部门管控学位中心等学科评估机构的运行，决定不同阶段学科评估的方向、形式和原则，还决定学科评估的标准、程序和评估方法等关键环节。另一方面，学科评估除了"以评促建"的本质要求，还承担了为各级教育行政部门决策和资源分配提供依据的管理功能，行政部门通常将学科评估排名结果作为学科建设规划和学科资源分配的重要指标。[②] 在价值判断层面，

---

① 包水梅，黄尧尧. 论我国学科评估制度改革的路径依赖及其突破 [J]. 江苏高教，2022（4）：44–51.

② 樊秀娣. 结果第一重要？高校学科评估价值取向的深层反思——兼论学科评估的模式创新 [J]. 中国人民大学教育学刊，2024（3）：20–31+181.

学科评估受工具理性影响较深，这主要表现在评估政策以效率为导向，评估指标以量化为基础、评估结果以排名为依据。我国从 2002 年开始一级学科整体评估，到 2016 年开展"双一流"建设进行第 4 轮学科评估，均以效率为导向。以选优为核心，科研资源的分配与评估排名直接挂钩。评估指标以量化为主，如成果数量、论文引用率、奖项数、著作出版数等，即使在第 5 轮学科评估中强调了代表作的重要性，但整体上仍是量化方法为主，并且评估结果的呈现方式事实上是一种排序，对各科研院所的学科发展水平进行明确分档。我国学科评估在制度层面，呈现出渐进式变迁的特征。在保持评估目标不变的前提下，评估制度逐渐做出调整和改革，具体的改革内容主要是针对技术性细节，对评估方法、评估技术和工具、少量评估指标等做出调整，历次学科评估之间存在较强的连贯性和相关性。

在智库评价方面，我国智库评价研究主要有两个发展阶段。[①] 第一阶段为 2014 年之前，是国内智库评价的发展初期。这一时期的智库评价研究以提出观点为主，论述和实证并不充分。例如，朱旭峰在著作《中国思想库：政策过程中的影响力研究》中，提出"决策核心、精英中心、大众边缘"的智库影响力评价模型。[②] 边晓利认为，智库评价的指标应分为两类：可量化指标和不易量化指标。[③] 王莉丽则强调智库评价中应提高对人力资本的重视程度。[④] 第二阶段是 2014 年之后，是国内智库评价研究快速发展期。2014 年，中央全面深化改革领导小组第六次会议审议通过了《关于加强中国特色新型智库建设的意见》，提出了中国特色新型智库建设的标准和要求，成为智库评价的基本遵照。智库评价也逐渐更系统深入，一批学术价值更高的成果出现。[⑤⑥] 随着研究的深入，我国智库评价实践的影响力逐渐增强。[⑦] 虽然智库评价研究的进展较快，但是在评价实践中仍然以形式评价为主，对智库成果质量和内容的评价实践相对较少。

① 郭瑞，杨天通. 我国智库评价研究：现状与未来展望 [J]. 智库理论与实践，2022，7（1）：51-60.
② 朱旭峰. 中国思想库：政策过程中的影响力研究 [M]. 北京：清华大学出版社，2009：106-110.
③ 边晓利. 构建与渐变：智库意识与行动策略 [M]. 北京：国家图书馆出版社，2012：191-194.
④ 王莉丽. 智力资本：中国智库核心竞争力 [M]. 北京：中国人民大学出版社，2014：8.
⑤ 上海社会科学院智库研究中心. 中国智库报告影响力评价与政策建议（2013—2017）[M]. 上海：上海社会科学院出版社，2018：31-188.
⑥ 谢曙光，蔡继辉. 中国智库名录（2016）[M]. 北京：社会科学文献出版社，2016：6-17.
⑦ 荆林波. 中国智库发展的问题及策略 [J]. 新闻与写作，2018（6）：14-18.

二、建立科学权威、公开透明的哲学社会科学成果评价体系

高质量学术成果的评价实践，对于加快构建中国特色哲学社会科学，建构中国自主的知识体系具有积极作用，应进一步深入研究评价理论和评价方法，推动建立科学权威、公开透明的哲学社会科学成果评价体系，把优秀研究成果真正评出来、推广开。

第一，突出学术成果评价的基础性地位。学术界普遍认为学术成果评价是学术评价的关键，① 研究成果是学术活动效用和价值最直接、最准确的反映，学术期刊可以看作是论文的集合，对期刊的评价不能视作对论文的评价，而且还有大量其他学术成果形式，如研究报告、学术专著、理论文章等，都有较高的学术价值，也应作为评价对象进行深入研究。然而当前学术评价理论研究和实践中对学术成果的评价还不够充分，一个重要原因在于学术成果评价的规范性较弱、成本较高。因此，可以充分发挥"高质量学术成果"这一概念的理论基点作用，通过深入研究，构建更加高效可行的学术成果评价体系，在评价实践中增强学术成果评价的基础性作用。

第二，强调研究成果质量在评价体系价值判断中的导向作用。研究质量是学术发展的基本保障，学术评价能够引导学术发展，首先要确保评价体系对高质量学术成果的识别能力，将优秀成果选出来，形成"标杆"，产生示范效应，才能引领学术发展方向。这就要求学术评价过程必须有学科专家深度介入，将学科专家的研究经验充分体现在学术评价体系中，才能准确获取研究成果评价结果；反之，仅仅根据一般性的量化指标，如引用率、作者身份、项目基金等数据，试图通过计算方法创新提高评价的合意性，只能造成事实上的"评价形式主义"，严重削弱学术评价的科学性和权威性。

第三，加强以内容评价为基础的学术评价理论和应用研究。研究内容是研究成果质量的准确反映，要掌握学术成果的真实水平和学术价值，必须全面系统地了解相应的内容。大量研究表明，形式评价的优势在于便捷高效，但是从学术评价的准确性方面看，形式评价无法准确反映研究成果质量，并不是一种可靠有效的学术评价方法。并且根据评价标准对成果内容做系统性分析，还可以充分展示

---

① 索传军. 论学术评价的价值尺度——兼谈"唯论文"问题的根源［J］. 中国社会科学评价，2021（1）：122–131+160.

学术成果的优势和特色，以更直观的方式对哲学社会科学发展产生示范效应。

第四，明确学术评价在加快构建中国特色哲学社会科学中的重要作用。学术评价的首要和直接目的是引领哲学社会科学正确发展方向，学术评价在科研管理和资源分配方面的作用，只应是学术评价的间接作用。非学术性因素在现实的学术评价中经常导致负面影响。因此，要厘清学术评价和科研管理的作用边界，以清晰的科研管理制度和评价程序确保学术评价充分发挥学术发展的"指挥棒"作用，尽可能限制非学术因素带来的影响，将学术成果评价的作用聚焦于对学术发展方向的引领。

第五，扩大哲学社会科学高质量学术成果评价的实践范围，在此基础上进一步做好学术成果评价的理论研究。一方面，哲学社会科学包含丰富的学科门类，各学科在基本思想、理论体系、研究方法等方面有较大不同，需要将高质量学术成果评价体系在其他重要学科进行评价实践，通过评价结果检验评价理论和评价体系的可靠性，不断完善评价体系。另一方面，加强对高质量研究报告、学术专著等的评价研究，对哲学社会科学学术成果做出更加系统全面的评价研究。

第六，运用好评价体系。依据评价标准加强对高质量学术成果在思想性、实践性、规范性、创新性等方面的阐释，将示范性成果在引领哲学社会科学正确发展方向上的作用充分发挥出来，提高优秀研究成果的学术传播力和示范引领力。

第三节　研究的不足和进一步的工作

本书提出"哲学社会科学高质量学术成果"这一概念，论述理论内涵，在此基础上构建了高质量学术成果评价的理论框架和评价体系，以经济学科研究成果为例，对期刊论文、研究报告、学术专著进行评价研究，研究结果体现了高质量学术成果评价体系的可行性和有效性，尤其是，凸显出高质量学术成果具有较强的示范效应，有助于引领哲学社会科学正确发展方向，对加快构建中国特色哲学社会科学，建立中国自主的知识体系产生积极作用。

当前的研究还存在三个方面不足，需要进一步加强和完善。第一，在评价理论上，哲学社会高质量学术成果这一概念的理论内涵还不够丰富，需要更加系统全面地归纳概念应具有的理论维度，尤其要体现"建构中国的自主知识体系"方面的重要特征。第二，在评价方法上，对高质量学术成果进行评价的指标体系不够完善，尤其是缺少对关键构念的精确测量方法，在后续的研究中，要充分借鉴管理学方法中成熟的测量方法，制作科学权威、使用便捷的量表，并在研究中积累数据，铸牢理论研究基础。第三，在评价实践上，本书仅对经济学科相关成果进行评价研究，评价实践不够丰富，并且对示范性学术成果进行的阐释不够完善细致，应扩大高质量学术成果评价体系的使用范围，如对管理学、政治学、社会学、马克思主义研究等学科或领域的学术成果进行评价研究，进一步检验和完善评价体系，同时加强对示范性高质量学术成果优势和特色的阐释，形成具有更强学术影响力、凝聚力、引领力的哲学社会科学成果评价体系。